Printed in the USA

Creole Language:

101 Creole Verbs

By Adele Abellard

Contents

Introduction to Haitian Creole Verbs 1
To Accept - Aksepte 5
To Admit - Admèt 6
To Answer - Reponn 7
To Appear - Parèt 8
To Ask - Mande 9
To Be - Se 10
To be able to - Kapab 11
To Become - Vin 12
To begin - Kòmanse 13
To Break - Kraze 14
To Breathe - Respire 15
To Buy - Achte 16
To Call - Rele 17
Can (or "to be able to") - Kapab 18
To Choose - Chwazi 19
To Close - Fèmen 20
To Come - Vini 21
To Cook - Kwit 22
To Cry - Kriye 23
To Dance - Danse 24
To Decide - Deside 25
To Decrease - Bese 26
To Die - Mouri 27
To Do - Fè 28
To Drink - Bwè 29

To Drive - Kondwi 30
To Eat - Manje 31
To Enter - Antre 32
To Exit - Sòti 33
To explain - Eksplike 34
To Fall - Tonbe 35
To Feel - Santi 36
To Fight - Batay 37
To Find - Jwenn 38
To Finish - Fini 39
To Fly - Vole 40
To Forget - Bliye 41
To Get Up - Leve 42
To Give - Bay 43
To Go - Ale 44
To Happen - Rive 45
To Have - Genyen 46
To Hear - Tande 47
To Help - Ede 48
To Hold - Kenbe 49
To Increase - Ogmante 50
To Introduce - Entwodwi 51
To Invite - Envite 52
To Kill - Tuye 53
To Kiss - Bo 54
To Know - Konnen 55
To Laugh - Ri 56
To Learn - Aprann 57
To Lie Down - Kouche 58

To Like - Renmen 59
To Listen - Koute 60
To Live - Viv 61
To Lose - Pèdi 62
To Love - Renmen 63
To Meet - Rankontre 64
To Need - Bezwen 65
To Notice - Remake 66
To Open - Ouvri 67
To Play - Jwe 68
To Put - Mete 69
To Read - Li 70
To Receive - Resevwa 71
To Remember - Sonje 72
To Repeat - Repete 73
To Return - Retounen 74
To Run - Kouri 75
To Say - Di 76
To Scream - Rele 77
To See - Wè 78
To Seem - Sanble 79
To Sell - Vann 80
To Send - Voye 81
To Show - Montre 82
To Sing - Chante 83
To Sit Down - Chita 84
To Sleep - Dòmi 85
To Smile - Souri 86
To Speak - Pale 87

To Stand - Kanpe 88

To Start - Kòmanse 89

To Stay - Rete 90

To Take - Pran 91

To Talk - Pale 92

To Teach - Anseye 93

To Think - Reflechi 94

To Touch - Touche 95

To Travel - Voyaje 96

To Understand - Konprann 97

To Use - Itilize 98

To Wait - Tann 99

To Walk - Mache 100

To Want - Vle 101

To Watch - Gade 102

To Win - Genyen 103

To Work - Travay 104

To Write - Ekri 105

Introduction to Haitian Creole Verbs

Haitian Creole, one of Haiti's official languages is as rich and colorful as its culture and its people. However, Haitian Creole verbs are relatively simple. In Haitian Creole, verbs are used to explain an action or describe a state or situation. There is no conjugation and the verbs do not take different forms to express moods. Haitian Creole verbs are not very inflected. The base form is used in all the tenses and for all the persons.

Haitian Creole verbs have six persons. Two of the persons (in English "We" and "You" plural form) use the same pronoun "*Nou*". For instance, in Haitian Creole, "*We eat*" is "*Nou manje*" and "*You eat*" is also "*Nou manje.*" One must know the context in which the pronoun "*Nou*" is used in order to understand its meaning.

There are six tenses in Haitian Creole. They are the *Present*, the *Present Progressive*, the *Future*, the *Conditional Present*, the *Simple Past*, and the *Past Progressive.* Each tense is formed with a base and a tense marker (except in the Present tense). The same base form of the verbs is used for all tenses. The tense markers are placed before all verbs.

Persons and Genders

There are three (3) singular and three (3) plural persons/personal pronouns in Haitian Creole verbs.

Singular	Plural
Mwen *(I)*	Nou *(We)*
Ou *(You)*	Nou *(You)*
Li *(He/She/It)*	Yo *(They)*

Haitian Creole personal pronouns take the contracted form when placed in front of a word that starts with a vowel. The contracted forms are as follow:

Mwen → M'   Nou→N'
Ou →W'   Nou →N'
Li → L'   Yo→Y'

Example: ***M'****ap manje* (I'm eating) instead of ***Mwen*** *ap manje*

All personal pronouns are gender neutral. The gender of the subject does not affect the verb.

Example:

Melissa eats. **She** eats. ⟹ *Melissa manje.* ***Li*** *manje*

John eats. **He** eats. ⟹ *John manje.* ***Li*** *manje*

Tense Markers

In Haitian Creole, the *Present* form of the verbs does not require a tense marker. The other forms require the following markers:

"Ap" to mark the present progressive tense. Example: *M'**ap** manje* (I'm eating).

"Pral" to mark the future tense. Example: *Mwen **pral** manje* (I will eat).

"Ta" to mark the conditional present tense. Example: *Mwen **ta** manje* (I would eat).

"Te" to mark the Simple Past tense. Example: *Mwen **te** manje* (I ate).

"T'ap" to mark the past progressive tense. Example: *Mwen **t'ap** manje* (I was eating).

Verb Tenses

The Present tense is used to express an action that is occurring at the present moment or a permanent state. The present tense is formed by using the ***base form of the verb***.

Example: *I **am** a female.* ➔ *Mwen **se** yon fi* (permanent state)

*You **want** milk.* ➔ *Ou **vle** lèt* (present moment)

The Present Progressive tense is used to express a present and continuous action or state. The present progressive tense is formed by combining the tense marker ***Ap*** + ***base form of the verb.***

Example: They're running ➔ *Y'**ap** kouri*.

The Future tense is used to express an action that will take place in the future. The future tense is formed by combining the tense marker ***Pral*** +***base form of the verb.***

Example: He's going to swim ➔ *Li **pral** naje*.

The Conditional Present tense is used to express an assumption. The conditional present tense is formed by combining the tense marker ***Ta*** + ***base form of the verb.***

Example: I would run ➔ *Mwen **ta** kouri.*

Simple Past tense is used to express an action that happened in the past. The simple past tense is formed by combining the tense marker ***Te*** + ***base form of the verb.***

Example: We laughed ➔ *Nou **te** ri.*

The Past Progressive tense is used to express a past continuous action. The past progressive tense is formed by combining the tense marker **T'ap** + ***base form of the verb.***

Example: He was dying. ➔ *Li **t'ap** mouri.*

*** **Exceptions**. The irregular Haitian Creole verb ***Ale*** (To go) and the copula verb ***Se*** (To be) are the exceptions to these rules.

Verb *Ale*

The verb ***Ale*** *(to go)* is formed correspondingly in all tenses except for the Future and the Past Progressive Tenses.

The Future Tense of the verb ***Ale*** is: ***Prale*** (a combination of the tense marker *Pral* and the base form of the verb *Ale*).

Example: I **will go** home tomorrow. ➔ *Mwen **prale** lakay mwen demen.*

The Past Progressive tense of the verb ***Ale*** is: ***T'ap Prale.*** It's formed by combining the tense marker **T'ap + Prale.**

Example: They **were going** to the beach➔ *Yo **t'ap prale** nan lanmè.*

Verb *Se*

The copula verb ***Se*** (To be) is used to connect a subject to the subject complement. The base form of the verb is only use in the present tense.

Example: She **is** a teacher ➔ *Li **se** yon pwofesè.*

In the Future tense, the base form **Se** is replaced by ***Pral.***

Example: He **will** run. ➔ *Li **pral** kouri.*

In the Past Tense, the base form ***Se*** is replaced by ***Te***

Example: We **were** young. ➔ *Nou **te** jèn.*

Pronouns

In Haitian Creole, the personal pronouns are always placed before the verb.

Example: Paul **is** a doctor => Paul **se** yon doktè.

When asking a question, the word *"èske"* is simply placed in front of the personal pronoun.

Example: **Is** Paul a doctor? => *Èske* Paul **se** yon doktè?

For reflexive forms of verbs, you have to use "***tèt***" for "***self***" *(which literally means "head").* When using *"**tèt**" to translate a reflexive pronoun,* be sure to add the corresponding *Haitian Creole* pronoun. The reflective pronouns are placed after the verb:

My**self**	**Tèt** mwen
Your**self**	**Tèt** ou
Him**self**/her**self**/it**self**	**Tèt** li
Our**selves**	**Tèt** nou
Your**selves**	**Tèt** nou
Them**selves**	**Tèt** yo

Example: I cut **myself** => Mwen koupe ***tèt mwen***

Negative form

To express negation in Haitian Creole, the word ***Pa*** is placed before the verb.

Example: I **don't** want to eat =>Mwen **pa** vle manje.

To Accept - Aksepte								
Present			**Present Progressive**			**Simple Past**		
I – M'	accept	aksepte	I'm - M'	accepting	ap aksepte	I - Mwen	accepted	te aksepte
You – W'	accept	aksepte	You're - W'	accepting	ap aksepte	You - Ou	accepted	te aksepte
He/She/It – L'	accepts	aksepte	He's/She's/It's - L'	accepting	ap aksepte	He/She/It - Li	accepted	te aksepte
We – N'	accept	aksepte	We're - N'	accepting	ap aksepte	We - Nou	accepted	te aksepte
You – N'	accept	aksepte	You're - N'	accepting	ap aksepte	You - Nou	accepted	te aksepte
They - Yo	accept	aksepte	They're - Y'	accepting	ap aksepte	They - Yo	accepted	te aksepte

Past Progressive			Future			Conditional Present		
I - Mwen	was accepting	t'ap aksepte	I - Mwen	will accept	pral aksepte	I - Mwen	would accept	ta aksepte
You - Ou	were accepting	t'ap aksepte	You - Ou	will accept	pral aksepte	You - Ou	would accept	ta aksepte
He/She/It - Li	was accepting	t'ap aksepte	He/She/It - Li	will accept	pral aksepte	He/She/It - Li	would accept	ta aksepte
We - Nou	were accepting	t'ap aksepte	We - Nou	will accept	pral aksepte	We - Nou	would accept	ta aksepte
You - Ou	were accepting	t'ap aksepte	You - Ou	will accept	pral aksepte	You - Ou	would accept	ta aksepte
They - Yo	were accepting	t'ap aksepte	They - Yo	will accept	pral aksepte	They - Yo	would accept	ta aksepte

To Admit - Admèt								
Present			**Present Progressive**			**Simple Past**		
I - M'	admit	admèt	I'm - M'	admitting	ap admèt	I - Mwen	admitted	te admèt
You - W'	admit	admèt	You're - W'	admitting	ap admèt	You - Ou	admitted	te admèt
He/She/It - L'	admits	admèt	He's/She's/It's - L'	admitting	ap admèt	He/She/It - Li	admitted	te admèt
We- N'	admit	admèt	We're - N'	admitting	ap admèt	We - Nou	admitted	te admèt
You- N'	admit	admèt	You're - N'	admitting	ap admèt	You - Nou	admitted	te admèt
They- Y'	admit	admèt	They're - Y'	admitting	ap admèt	They - Yo	admitted	te admèt

Past Progressive			Future			Conditional Present		
I - Mwen	was admitting	t'ap admèt	I - Mwen	will admit	pral admèt	I - Mwen	would admit	ta admèt
You - Ou	were admitting	t'ap admèt	You - Ou	will admit	pral admèt	You - Ou	would admit	ta admèt
He/She/It - Li	was admitting	t'ap admèt	He/She/It - Li	will admit	pral admèt	He/She/It - Li	would admit	ta admèt
We - Nou	were admitting	t'ap admèt	We - Nou	will admit	pral admèt	We - Nou	would admit	ta admèt
You - Nou	were admitting	t'ap admèt	You - Nou	will admit	pral admèt	You - Nou	would admit	ta admèt
They - Yo	were admitting	t'ap admèt	They - Yo	will admit	pral admèt	They - Yo	would admit	ta admèt

To Answer - Reponn

Present			**Present Progressive**			**Simple Past**		
I - Mwen	answer	reponn	I'm - M'	answerin g	ap reponn	I - Mwen	answered	te reponn
You - Ou	answer	reponn	You're - W'	answerin g	ap reponn	You - Ou	answered	te reponn
He/She/It - Li	answers	reponn	He's/She's/It's - L'	answerin g	ap reponn	He/She/It - Li	answered	te reponn
We - Nou	answer	reponn	We're - N'	answerin g	ap reponn	We - Nou	answered	te reponn
You - Nou	answer	reponn	You're - N'	answerin g	ap reponn	You - Nou	answered	te reponn
They - Yo	answer	reponn	They're - Y'	answerin g	ap reponn	They - Yo	answered	te reponn

Past Progressive			**Future**			**Conditional Present**		
I - Mwen	was answering	t'ap reponn	I - Mwen	will answer	pral reponn	I - Mwen	would answer	ta reponn
You - Ou	were answering	t'ap reponn	You - Ou	will answer	pral reponn	You - Ou	would answer	ta reponn
He/She/It - Li	was answering	t'ap reponn	He/She/It - Li	will answer	pral reponn	He/She/It - Li	would answer	ta reponn
We - Nou	were answering	t'ap reponn	We - Nou	will answer	pral reponn	We - Nou	would answer	ta reponn
You - Nou	were answering	t'ap reponn	You - Nou	will answer	pral reponn	You - Nou	would answer	ta reponn
They - Yo	were answering	t'ap reponn	They - Yo	will answer	pral reponn	They - Yo	would answer	ta reponn

To Appear - Parèt								
Present			**Present Progressive**			**Simple Past**		
I - Mwen	appear	parèt	I'm - M'	appearing	ap parèt	I - Mwen	appeared	te parèt
You - Ou	appear	parèt	You're - W'	appearing	ap parèt	You - Ou	appeared	te parèt
He/She/It - Li	appears	parèt	He's/She's/It's - L'	appearing	ap parèt	He/She/It - Li	appeared	te parèt
We - Nou	appear	parèt	We're - N'	appearing	ap parèt	We - Nou	appeared	te parèt
You - Nou	appear	parèt	You're - N'	appearing	ap parèt	You - Nou	appeared	te parèt
They - Yo	appear	parèt	They're - Y'	appearing	ap parèt	They - Yo	appeared	te parèt

Past Progressive			**Future**			**Conditional Present**		
I - Mwen	was appearing	t'ap parèt	I - Mwen	will appear	pral parèt	I - Mwen	would appear	ta parèt
You - Ou	were appearing	t'ap parèt	You - Ou	will appear	pral parèt	You - Ou	would appear	ta parèt
He/She/It - Li	was appearing	t'ap parèt	He/She/It - Li	will appear	pral parèt	He/She/It - Li	would appear	ta parèt
We - Nou	were appearing	t'ap parèt	We - Nou	will appear	pral parèt	We - Nou	would appear	ta parèt
You - Nou	were appearing	t'ap parèt	You - Nou	will appear	pral parèt	You – Nou	would appear	ta parèt
They - Yo	were appearing	t'ap parèt	They - Yo	will appear	pral parèt	They - Yo	would appear	ta parèt

To Ask - Mande								
Present			**Present Progressive**			**Simple Past**		
I - Mwen	ask	mande	I'm - M'	asking	ap mande	I - Mwen	asked	te mande
You - Ou	ask	mande	You're - W'	asking	ap mande	You - Ou	asked	te mande
He/She/It - Li	asks	mande	He's/She's/It's - L'	asking	ap mande	He/She/It - Li	asked	te mande
We - Nou	ask	mande	We're - N'	asking	ap mande	We - Nou	asked	te mande
You - Nou	ask	mande	You're - N'	asking	ap mande	You - Nou	asked	te mande
They - Yo	ask	mande	They're - Y'	asking	ap mande	They - Yo	asked	te mande

Past Progressive			**Future**			**Conditional Present**		
I - Mwen	was asking	t'ap mande	I - Mwen	will ask	pral mande	I - Mwen	would ask	ta mande
You - Ou	were asking	t'ap mande	You - Ou	will ask	pral mande	You - Ou	would ask	ta mande
He/She/It - Li	was asking	t'ap mande	He/She/It - Li	will ask	pral mande	He/She/It - Li	would ask	ta mande
We - Nou	were asking	t'ap mande	We - Nou	will ask	pral mande	We - Nou	would ask	ta mande
You - Nou	were asking	t'ap mande	You - Nou	will ask	pral mande	You - Nou	would ask	ta mande
They - Yo	were asking	t'ap mande	They - Yo	will ask	pral mande	They - Yo	would ask	ta mande

To Be - Se								
Present			**Present Progressive**			**Simple Past**		
I - Mwen	am	se	I'm - M'	being	ap	I - Mwen	was	te
You - Ou	are	se	You're - W'	being	ap	You - Ou	were	te
He/She/It - Li	is	se	He's/She's/It's - L'	being	ap	He/She/It - Li	was	te
We - Nou	are	se	We're - N'	being	ap	We - Nou	were	te
You - Nou	are	se	You're - N'	being	ap	You - Nou	were	te
They - Yo	are	se	They're - Y'	being	ap	They - Yo	were	te

Past Progressive			Future			Conditional Present		
I - Mwen	was being	t'ap	I - Mwen	will be	pral	I - Mwen	would	ta
You - Ou	were being	t'ap	You - Ou	will be	pral	You - Ou	would	ta
He/She/It - Li	was being	t'ap	He/She/It - Li	will be	pral	He/She/It - Li	would	ta
We - Nou	were being	t'ap	We - Nou	will be	pral	We - Nou	would	ta
You - Nou	were being	t'ap	You- Nou	will be	pral	You - Nou	would	ta
They - Yo	were being	t'ap	They - Yo	will be	pral	They - Yo	would	ta

To be able to - Kapab								
Present			**Present Progressive**			**Simple Past**		
I - Mwen	am able to	kapab	I'm - M'	being able to	ap kapab	I - Mwen	was able to	te kapab
You - Ou	is able to	kapab	You're - W'	being able to	ap kapab	You - Ou	were able to	te kapab
He/She/It - Li	is able to	kapab	He's/She's/It's - L'	being able to	ap kapab	He/She/It - Li	was able to	te kapab
We - Nou	are able to	kapab	We're - N'	being able to	ap kapab	We - Nou	were able to	te kapab
You - Nou	are able to	kapab	You're - N'	being able to	ap kapab	You - Nou	were able to	te kapab
They - Yo	are able to	kapab	They're - Y'	being able to	ap kapab	They - Yo	were able to	te kapab

Past Progressive			**Future**			**Conditional Present**		
I - Mwen	I was able to	t'ap kapab	I - Mwen	will be able to	pral kapab	I - Mwen	would be able to	ta kapab
You - Ou	were able to	t'ap kapab	You - Ou	will be able to	pral kapab	You - Ou	would be able to	ta kapab
He/She/It - Li	was able to	t'ap kapab	He/She/It - Li	will be able to	pral kapab	He/She/It - Li	would be able to	ta kapab
We - Nou	were able to	t'ap kapab	We - Nou	will be able to	pral kapab	We - Nou	would be able to	ta kapab
You - Nou	were able to	t'ap kapab	You - Nou	will be able to	pral kapab	You - Nou	would be able to	ta kapab
They - Yo	were able to	t'ap kapab	They - Yo	will be able to	pral kapab	They - Yo	would be able to	ta kapab

To Become - Vin								
Present			**Present Progressive**			**Simple Past**		
I - Mwen	become	vin	I'm - M'	becoming	ap vin	I - Mwen	became	te vin
You - Ou	become	vin	You're - W'	becoming	ap vin	You - Ou	became	te vin
He/She/It - Li	becomes	vin	He's/She's/It's - L'	becoming	ap vin	He/She/It - Li	became	te vin
We - Nou	become	vin	We're - N'	becoming	ap vin	We - Nou	became	te vin
You - Nou	become	vin	You're - N'	becoming	ap vin	You - Nou	became	te vin
They - Yo	become	vin	They're - Y'	becoming	ap vin	They - Yo	became	te vin

Past Progressive			**Future**			**Conditional Present**		
I - Mwen	was becoming	t'ap vin	I - Mwen	will become	pral vin	I - Mwen	would become	ta vin
You - Ou	were becoming	t'ap vin	You - Ou	will become	pral vin	You - Ou	would become	ta vin
He/She/It - Li	was becoming	t'ap vin	He/She/It - Li	will become	pral vin	He/She/It - Li	would become	ta vin
We - Nou	were becoming	t'ap vin	We - Nou	will become	pral vin	We - Nou	would become	ta vin
You - Nou	were becoming	t'ap vin	You - Nou	will become	pral vin	You - Nou	would become	ta vin
They - Yo	were becoming	t'ap vin	They - Yo	will become	pral vin	They - Yo	would become	ta vin

To begin - Kòmanse								
Present			**Present Progressive**			**Simple Past**		
I - Mwen	begin	kòmanse	I'm - M'	beginnin g	ap kòmanse	I - Mwen	began	te kòmanse
You - Ou	begin	kòmanse	You're - W'	beginnin g	ap kòmanse	You - Ou	began	te kòmanse
He/She/It - Li	begins	kòmanse	He's/She's/It's - L'	beginnin g	ap kòmanse	He/She/It - Li	began	te kòmanse
We - Nou	begin	kòmanse	We're - N'	beginnin g	ap kòmanse	We - Nou	began	te kòmanse
You - Nou	begin	kòmanse	You're - N'	beginnin g	ap kòmanse	You - Nou	began	te kòmanse
They - Yo	begin	kòmanse	They're - Y'	beginnin g	ap kòmanse	They - Yo	began	te kòmanse

Past Progressive			**Future**			**Conditional Present**		
I - Mwen	was beginning	t'ap kòmanse	I - Mwen	will begin	pral kòmanse	I - Mwen	would begin	ta kòmanse
You - Ou	were beginning	t'ap kòmanse	You - Ou	will begin	pral kòmanse	You - Ou	would begin	ta kòmanse
He/She/It - Li	was beginning	t'ap kòmanse	He/She/It - Li	will begin	pral kòmanse	He/She/It - Li	would begin	ta kòmanse
We - Nou	were beginning	t'ap kòmanse	We - Nou	will begin	pral kòmanse	We - Nou	would begin	ta kòmanse
You - Nou	were beginning	t'ap kòmanse	You - Nou	will begin	pral kòmanse	You - Nou	would begin	ta kòmanse
They - Yo	were beginning	t'ap kòmanse	They - Yo	will begin	pral kòmanse	They - Yo	would begin	ta kòmanse

To Break - Kraze								
Present			**Present Progressive**			**Simple Past**		
I - Mwen	break	kraze	I'm - M'	breaking	ap kraze	I - Mwen	broke	te kraze
You - Ou	break	kraze	You're - W'	breaking	ap kraze	You - Ou	broke	te kraze
He/She/It - Li	breaks	kraze	He's/She's/It's - L'	breaking	ap kraze	He/She/It - Li	broke	te kraze
We - Nou	break	kraze	We're - N'	breaking	ap kraze	We - Nou	broke	te kraze
You - Nou	break	kraze	You're - N'	breaking	ap kraze	You - Nou	broke	te kraze
They - Yo	break	kraze	They're - Y'	breaking	ap kraze	They - Yo	broke	te kraze

Past Progressive			**Future**			**Conditional Present**		
I - Mwen	was breaking	t'ap kraze	I - Mwen	will break	pral kraze	I - Mwen	would break	ta kraze
You - Ou	were breaking	t'ap kraze	You - Ou	will break	pral kraze	You - Ou	would break	ta kraze
He/She/It - Li	was breaking	t'ap kraze	He/She/It - Li	will break	pral kraze	He/She/It - Li	would break	ta kraze
We - Nou	were breaking	t'ap kraze	We - Nou	will break	pral kraze	We - Nou	would break	ta kraze
You - Nou	were breaking	t'ap kraze	You - Nou	will break	pral kraze	You - Nou	would break	ta kraze
They - Yo	were breaking	t'ap kraze	They - Yo	will break	pral kraze	They - Yo	would break	ta kraze

To Breathe - Respire								
Present			**Present Progressive**			**Simple Past**		
I - Mwen	breathe	respire	I'm - M'	breathing	ap respire	I - Mwen	breathed	te respire
You - Ou	breathe	respire	You're - W'	breathing	ap respire	You - Ou	breathed	te respire
He/She/It - Li	breathes	respire	He's/She's/It's - L'	breathing	ap respire	He/She/It - Li	breathed	te respire
We - Nou	breathe	respire	We're - N'	breathing	ap respire	We - Nou	breathed	te respire
You - Nou	breathe	respire	You're - N'	breathing	ap respire	You - Nou	breathed	te respire
They - Yo	breathe	respire	They're - Y'	breathing	ap respire	They - Yo	breathed	te respire

Past Progressive			**Future**			**Conditional Present**		
I - Mwen	was breathing	t'ap respire	I - Mwen	will breathe	pral respire	I - Mwen	would breathe	ta respire
You - Ou	were breathing	t'ap respire	You - Ou	will breathe	pral respire	You - Ou	would breathe	ta respire
He/She/It - Li	was breathing	t'ap respire	He/She/It - Li	will breathe	pral respire	He/She/It - Li	would breathe	ta respire
We - Nou	were breathing	t'ap respire	We - Nou	will breathe	pral respire	We - Nou	would breathe	ta respire
You - Nou	were breathing	t'ap respire	You - Nou	will breathe	pral respire	You - Nou	would breathe	ta respire
They - Yo	were breathing	t'ap respire	They - Yo	will breathe	pral respire	They - Yo	would breathe	ta respire

To Buy - Achte								
Present			**Present Progressive**			**Simple Past**		
I - M'	buy	achte	I'm - M'	buying	ap achte	I - Mwen	bought	te achte
You - W'	buy	achte	You're - W'	buying	ap achte	You - Ou	bought	te achte
He/She/It - L'	buys	achte	He's/She's/It's - L'	buying	ap achte	He/She/It - Li	bought	te achte
We- N'	buy	achte	We're - N'	buying	ap achte	We - Nou	bought	te achte
You- N'	buy	achte	You're - N'	buying	ap achte	You - Nou	bought	te achte
They- Y'	buy	achte	They're - Y'	buying	ap achte	They - Yo	bought	te achte

Past Progressive			**Future**			**Conditional Present**		
I - Mwen	was buying	t'ap achte	I - Mwen	will buy	pral achte	I - Mwen	would buy	ta achte
You - Ou	were buying	t'ap achte	You - Ou	will buy	pral achte	You - Ou	would buy	ta achte
He/She/It - Li	was buying	t'ap achte	He/She/It - Li	will buy	pral achte	He/She/It - Li	would buy	ta achte
We - Nou	were buying	t'ap achte	We - Nou	will buy	pral achte	We - Nou	would buy	ta achte
You - Nou	were buying	t'ap achte	You - Nou	will buy	pral achte	You - Nou	would buy	ta achte
They - Yo	were buying	t'ap achte	They - Yo	will buy	pral achte	They - Yo	would buy	ta achte

To Call - Rele								
Present			**Present Progressive**			**Simple Past**		
I - Mwen	call	rele	I'm - M'	calling	ap rele	I - Mwen	called	te rele
You - Ou	call	rele	You're - W'	calling	ap rele	You - Ou	called	te rele
He/She/It - Li	calls	rele	He's/She's/It's - L'	calling	ap rele	He/She/It - Li	called	te rele
We - Nou	call	rele	We're - N'	calling	ap rele	We - Nou	called	te rele
You - Nou	call	rele	You're - N'	calling	ap rele	You - Nou	called	te rele
They - Yo	call	rele	They're - Y'	calling	ap rele	They - Yo	called	te rele

Past Progressive			**Future**			**Conditional Present**		
I - Mwen	was calling	t'ap rele	I - Mwen	will call	pral rele	I - Mwen	would call	ta rele
You - Ou	were calling	t'ap rele	You - Ou	will call	pral rele	You - Ou	would call	ta rele
He/She/It - Li	was calling	t'ap rele	He/She/It - Li	will call	pral rele	He/She/It - Li	would call	ta rele
We - Nou	were calling	t'ap rele	We - Nou	will call	pral rele	We - Nou	would call	ta rele
You - Nou	were calling	t'ap rele	You - Nou	will call	pral rele	You - Nou	would call	ta rele
They - Yo	were calling	t'ap rele	They - Yo	will call	pral rele	They - Yo	would call	ta rele

Can (or "to be able to") - Kapab

Present			Present Progressive			Simple Past		
I - Mwen	can	kapab	I'm - M'	n/a able to	ap kapab	I - Mwen	could	Te kapab
You - Ou	can	kapab	You're - W'	n/a able to	ap kapab	You - Ou	could	Te kapab
He/She/It - Li	can	kapab	He's/She's/It's - L'	n/a able to	ap kapab	He/She/It - Li	could	Te kapab
We - Nou	can	kapab	We're - N'	n/a able to	ap kapab	We - Nou	could	Te kapab
You - Nou	can	kapab	You're - N'	n/a able to	ap kapab	You - Nou	could	Te kapab
They - Yo	can	kapab	They're - Y'	n/a able to	ap kapab	They - Yo	could	Te kapab

Past Progressive			Future			Conditional Present		
I - Mwen	n/a was able to	t'ap kapab	I - Mwen	n/a will be able to	pral kapab	I - Mwen	could	ta kapab
You - Ou	n/a were able to	t'ap kapab	You - Ou	n/a will be able to	pral kapab	You - Ou	could	ta kapab
He/She/It - Li	n/a was able to	t'ap kapab	He/She/It - Li	n/a will be able to	pral kapab	He/She/It - Li	could	ta kapab
We - Nou	n/a were able to	t'ap kapab	We - Nou	n/a will be able to	pral kapab	We - Nou	could	ta kapab
You - Nou	n/a were able to	t'ap kapab	You - Nou	n/a will be able to	pral kapab	You - Nou	could	ta kapab
They - Yo	n/a were able to	t'ap kapab	They - Yo	n/a will be able to	pral kapab	They - Yo	could	ta kapab

To Choose - Chwazi								
Present			**Present Progressive**			**Simple Past**		
I - Mwen	choose	chwazi	I'm - M'	choosing	ap chwazi	I - Mwen	chose	te chwazi
You - Ou	choose	chwazi	You're - W'	choosing	ap chwazi	You - Ou	chose	te chwazi
He/She/It - Li	chooses	chwazi	He's/She's/It's - L'	choosing	ap chwazi	He/She/It - Li	chose	te chwazi
We - Nou	choose	chwazi	We're - N'	choosing	ap chwazi	We - Nou	chose	te chwazi
You - Nou	choose	chwazi	You're - N'	choosing	ap chwazi	You - Nou	chose	te chwazi
They - Yo	choose	chwazi	They're - Y'	choosing	ap chwazi	They - Yo	chose	te chwazi

Past Progressive			**Future**			**Conditional Present**		
I - Mwen	was choosing	t'ap chwazi	I - Mwen	will choose	pral chwazi	I - Mwen	would choose	ta chwazi
You - Ou	were choosing	t'ap chwazi	You - Ou	will choose	pral chwazi	You - Ou	would choose	ta chwazi
He/She/It - Li	was choosing	t'ap chwazi	He/She/It - Li	will choose	pral chwazi	He/She/It - Li	would choose	ta chwazi
We - Nou	were choosing	t'ap chwazi	We - Nou	will choose	pral chwazi	We - Nou	would choose	ta chwazi
You - Nou	were choosing	t'ap chwazi	You - Nou	will choose	pral chwazi	You - Nou	would choose	ta chwazi
They - Yo	were choosing	t'ap chwazi	They - Yo	will choose	pral chwazi	They - Yo	would choose	ta chwazi

To Close - Fèmen								
Present			**Present Progressive**			**Simple Past**		
I - Mwen	close	fèmen	I'm - M'	closing	ap fèmen	I - Mwen	closed	te fèmen
You - Ou	close	fèmen	You're - W'	closing	ap fèmen	You - Ou	closed	te fèmen
He/She/It - Li	closes	fèmen	He's/She's/It's - L'	closing	ap fèmen	He/She/It - Li	closed	te fèmen
We - Nou	close	fèmen	We're - N'	closing	ap fèmen	We - Nou	closed	te fèmen
You - Nou	close	fèmen	You're - N'	closing	ap fèmen	You - Nou	closed	te fèmen
They - Yo	close	fèmen	They're - Y'	closing	ap fèmen	They - Yo	closed	te fèmen

Past Progressive			**Future**			**Conditional Present**		
I - Mwen	was closing	t'ap fèmen	I - Mwen	will close	pral fèmen	I - Mwen	would close	ta fèmen
You - Ou	were closing	t'ap fèmen	You - Ou	will close	pral fèmen	You - Ou	would close	ta fèmen
He/She/It - Li	was closing	t'ap fèmen	He/She/It - Li	will close	pral fèmen	He/She/It - Li	would close	ta fèmen
We - Nou	were closing	t'ap fèmen	We - Nou	will close	pral fèmen	We - Nou	would close	ta fèmen
You - Nou	were closing	t'ap fèmen	You - Nou Ou	will close	pral fèmen	You - Nou	would close	ta fèmen
They - Yo	were closing	t'ap fèmen	They - Yo	will close	pral fèmen	They - Yo	would close	ta fèmen

To Come - Vini								
Present			**Present Progressive**			**Simple Past**		
I - Mwen	come	vini	I'm - M'	coming	ap vini	I - Mwen	came	te vini
You - Ou	come	vini	You're - W'	coming	ap vini	You - Ou	came	te vini
He/She/It - Li	comes	vini	He's/She's/It's - L'	coming	ap vini	He/She/It - Li	came	te vini
We - Nou	come	vini	We're - N'	coming	ap vini	We - Nou	came	te vini
You - Nou Ou	come	vini	You're - N'	coming	ap vini	You - Nou	came	te vini
They - Yo	come	vini	They're - Y'	coming	ap vini	They - Yo	came	te vini

Past Progressive			**Future**			**Conditional Present**		
I - Mwen	was coming	t'ap vini	I - Mwen	will come	pral vini	I - Mwen	would come	ta vini
You - Ou	were coming	t'ap vini	You - Ou	will come	pral vini	You - Ou	would come	ta vini
He/She/It - Li	was coming	t'ap vini	He/She/It - Li	will come	pral vini	He/She/It - Li	would come	ta vini
We - Nou	were coming	t'ap vini	We - Nou	will come	pral vini	We - Nou	would come	ta vini
You - Nou	were coming	t'ap vini	You - Nou	will come	pral vini	You - Nou	would come	ta vini
They - Yo	were coming	t'ap vini	They - Yo	will come	pral vini	They - Yo	would come	ta vini

To Cook - Kwit								
Present			**Present Progressive**			**Simple Past**		
I - Mwen	cook	kwit	I'm - M'	cooking	ap kwit	I - Mwen	cooked	te kwit
You - Ou	cook	kwit	You're - W'	cooking	ap kwit	You - Ou	cooked	te kwit
He/She/It - Li	cooks	kwit	He's/She's/It's - L'	cooking	ap kwit	He/She/It - Li	cooked	te kwit
We - Nou	cook	kwit	We're - N'	cooking	ap kwit	We - Nou	cooked	te kwit
You - Nou	cook	kwit	You're - N'	cooking	ap kwit	You - Nou	cooked	te kwit
They - Yo	cook	kwit	They're - Y'	cooking	ap kwit	They - Yo	cooked	te kwit

Past Progressive			**Future**			**Conditional Present**		
I - Mwen	was cooking	t'ap kwit	I - Mwen	will cook	pral kwit	I - Mwen	would cook	ta kwit
You - Ou	were cooking	t'ap kwit	You - Ou	will cook	pral kwit	You - Ou	would cook	ta kwit
He/She/It - Li	was cooking	t'ap kwit	He/She/It - Li	will cook	pral kwit	He/She/It - Li	would cook	ta kwit
We - Nou	were cooking	t'ap kwit	We - Nou	will cook	pral kwit	We - Nou	would cook	ta kwit
You - Nou Ou	were cooking	t'ap kwit	You - Nou	will cook	pral kwit	You - Nou	would cook	ta kwit
They - Yo	were cooking	t'ap kwit	They - Yo	will cook	pral kwit	They - Yo	would cook	ta kwit

To Cry - Kriye								
Present			**Present Progressive**			**Simple Past**		
I - Mwen	cry	kriye	I'm - M'	crying	ap kriye	I - Mwen	cried	te kriye
You - Ou	cry	kriye	You're - W'	crying	ap kriye	You - Ou	cried	te kriye
He/She/It - Li	cries	kriye	He's/She's/It's - L'	crying	ap kriye	He/She/It - Li	cried	te kriye
We - Nou	cry	kriye	We're - N'	crying	ap kriye	We - Nou	cried	te kriye
You - Nou	cry	kriye	You're - N'	crying	ap kriye	You - Nou	cried	te kriye
They - Yo	cry	kriye	They're - Y'	crying	ap kriye	They - Yo	cried	te kriye

Past Progressive			**Future**			**Conditional Present**		
I - Mwen	was crying	t'ap kriye	I - Mwen	will cry	pral kriye	I - Mwen	would cry	ta kriye
You - Ou	were crying	t'ap kriye	You - Ou	will cry	pral kriye	You - Ou	would cry	ta kriye
He/She/It - Li	was crying	t'ap kriye	He/She/It - Li	will cry	pral kriye	He/She/It - Li	would cry	ta kriye
We - Nou	were crying	t'ap kriye	We - Nou	will cry	pral kriye	We - Nou	would cry	ta kriye
You - Nou	were crying	t'ap kriye	You - Nou	will cry	pral kriye	You - Nou	would cry	ta kriye
They - Yo	were crying	t'ap kriye	They - Yo	will cry	pral kriye	They - Yo	would cry	ta kriye

To Dance - Danse								
Present			**Present Progressive**			**Simple Past**		
I - Mwen	dance	danse	I'm - M'	dancing	ap danse	I - Mwen	danced	te danse
You - Ou	dance	danse	You're - W'	dancing	ap danse	You - Ou	danced	te danse
He/She/It - Li	dances	danse	He's/She's/It's - L'	dancing	ap danse	He/She/It - Li	danced	te danse
We - Nou	dance	danse	We're - N'	dancing	ap danse	We - Nou	danced	te danse
You - Nou	dance	danse	You're - N'	dancing	ap danse	You - Nou	danced	te danse
They - Yo	dance	danse	They're - Y'	dancing	ap danse	They - Yo	danced	te danse

Past Progressive			**Future**			**Conditional Present**		
I - Mwen	was dancing	t'ap danse	I - Mwen	will dance	pral danse	I - Mwen	would dance	ta danse
You - Ou	were dancing	t'ap danse	You - Ou	will dance	pral danse	You - Ou	would dance	ta danse
He/She/It - Li	was dancing	t'ap danse	He/She/It - Li	will dance	pral danse	He/She/It - Li	would dance	ta danse
We - Nou	were dancing	t'ap danse	We - Nou	will dance	pral danse	We - Nou	would dance	ta danse
You - Nou	were dancing	t'ap danse	You - Nou	will dance	pral danse	You - Nou	would dance	ta danse
They - Yo	were dancing	t'ap danse	They - Yo	will dance	pral danse	They - Yo	would dance	ta danse

To Decide - Deside								
Present			Present Progressive			Simple Past		
I - Mwen	decide	deside	I'm - M'	deciding	ap deside	I - Mwen	decided	te deside
You - Ou	decide	deside	You're - W'	deciding	ap deside	You - Ou	decided	te deside
He/She/It - Li	decides	deside	He's/She's/It's - L'	deciding	ap deside	He/She/It - Li	decided	te deside
We - Nou	decide	deside	We're - N'	deciding	ap deside	We - Nou	decided	te deside
You - Nou	decide	deside	You're - N'	deciding	ap deside	You - Nou	decided	te deside
They - Yo	decide	deside	They're - Y'	deciding	ap deside	They - Yo	decided	te deside

Past Progressive			Future			Conditional Present		
I - Mwen	was deciding	t'ap deside	I - Mwen	will decide	pral deside	I - Mwen	would decide	ta deside
You - Ou	were deciding	t'ap deside	You - Ou	will decide	pral deside	You - Ou	would decide	ta deside
He/She/It - Li	was deciding	t'ap deside	He/She/It - Li	will decide	pral deside	He/She/It - Li	would decide	ta deside
We - Nou	were deciding	t'ap deside	We - Nou	will decide	pral deside	We - Nou	would decide	ta deside
You - Nou	were deciding	t'ap deside	You - Nou	will decide	pral deside	You - Nou	would decide	ta deside
They - Yo	were deciding	t'ap deside	They - Yo	will decide	pral deside	They - Yo	would decide	ta deside

To Decrease - Bese								
Present			**Present Progressive**			**Simple Past**		
I - Mwen	decrease	bese	I'm - M'	decreasing	ap bese	I - Mwen	decreased	te bese
You - Ou	decrease	bese	You're - W'	decreasing	ap bese	You - Ou	decreased	te bese
He/She/It - Li	decreases	bese	He's/She's/It's - L'	decreasing	ap bese	He/She/It - Li	decreased	te bese
We - Nou	decrease	bese	We're - N'	decreasing	ap bese	We - Nou	decreased	te bese
You - Nou	decrease	bese	You're - N'	decreasing	ap bese	You - Nou	decreased	te bese
They - Yo	decrease	bese	They're - Y'	decreasing	ap bese	They - Yo	decreased	te bese

Past Progressive			**Future**			**Conditional Present**		
I - Mwen	was decreasing	t'ap bese	I - Mwen	will decrease	pral bese	I - Mwen	would decrease	ta bese
You - Ou	were decreasing	t'ap bese	You - Ou	will decrease	pral bese	You - Ou	would decrease	ta bese
He/She/It - Li	was decreasing	t'ap bese	He/She/It - Li	will decrease	pral bese	He/She/It - Li	would decrease	ta bese
We - Nou	were decreasing	t'ap bese	We - Nou	will decrease	pral bese	We - Nou	would decrease	ta bese
You - Nou	were decreasing	t'ap bese	You - Nou	will decrease	pral bese	You - Nou	would decrease	ta bese
They - Yo	were decreasing	t'ap bese	They - Yo	will decrease	pral bese	They - Yo	would decrease	ta bese

To Die - Mouri								
Present			**Present Progressive**			**Simple Past**		
I - Mwen	die	mouri	I'm - M'	dying	ap mouri	I - Mwen	died	te mouri
You - Ou	die	mouri	You're - W'	dying	ap mouri	You - Ou	died	te mouri
He/She/It - Li	dies	mouri	He's/She's/It's - L'	dying	ap mouri	He/She/It - Li	died	te mouri
We - Nou	die	mouri	We're - N'	dying	ap mouri	We - Nou	died	te mouri
You - Nou	die	mouri	You're - N'	dying	ap mouri	You - Nou	died	te mouri
They - Yo	die	mouri	They're - Y'	dying	ap mouri	They - Yo	died	te mouri

Past Progressive			**Future**			**Conditional Present**		
I - Mwen	was dying	t'ap mouri	I - Mwen	will die	pral mouri	I - Mwen	would die	ta mouri
You - Ou	were dying	t'ap mouri	You - Ou	will die	pral mouri	You - Ou	would die	ta mouri
He/She/It - Li	was dying	t'ap mouri	He/She/It - Li	will die	pral mouri	He/She/It - Li	would die	ta mouri
We - Nou	were dying	t'ap mouri	We - Nou	will die	pral mouri	We - Nou	would die	ta mouri
You - Nou Ou	were dying	t'ap mouri	You - Nou	will die	pral mouri	You - Nou	would die	ta mouri
They - Yo	were dying	t'ap mouri	They - Yo	will die	pral mouri	They - Yo	would die	ta mouri

To Do - Fè								
Present			**Present Progressive**			**Simple Past**		
I - Mwen	do	fè	I'm - M'	doing	ap fè	I - Mwen	did	te fè
You - Ou	do	fè	You're - W'	doing	ap fè	You - Ou	did	te fè
He/She/It - Li	does	fè	He's/She's/It's - L'	doing	ap fè	He/She/It - Li	did	te fè
We - Nou	do	fè	We're - N'	doing	ap fè	We - Nou	did	te fè
You - Nou	do	fè	You're - N'	doing	ap fè	You - Nou	did	te fè
They - Yo	do	fè	They're - Y'	doing	ap fè	They - Yo	did	te fè

Past Progressive			**Future**			**Conditional Present**		
I - Mwen	was doing	t'ap fè	I - Mwen	will do	pral fè	I - Mwen	would do	ta fè
You - Ou	were doing	t'ap fè	You - Ou	will do	pral fè	You - Ou	would do	ta fè
He/She/It - Li	was doing	t'ap fè	He/She/It - Li	will do	pral fè	He/She/It - Li	would do	ta fè
We - Nou	were doing	t'ap fè	We - Nou	will do	pral fè	We - Nou	would do	ta fè
You - Nou	were doing	t'ap fè	You - Nou	will do	pral fè	You - Nou	would do	ta fè
They - Yo	were doing	t'ap fè	They - Yo	will do	pral fè	They - Yo	would do	ta fè

To Drink - Bwè								
Present			**Present Progressive**			**Simple Past**		
I - Mwen	drink	bwè	I'm - M'	drinking	ap bwè	I - Mwen	drank	te bwè
You - Ou	drink	bwè	You're - W'	drinking	ap bwè	You - Ou	drank	te bwè
He/She/It - Li	drinks	bwè	He's/She's/It's - L'	drinking	ap bwè	He/She/It - Li	drank	te bwè
We - Nou	drink	bwè	We're - N'	drinking	ap bwè	We - Nou	drank	te bwè
You - Nou	drink	bwè	You're - N'	drinking	ap bwè	You - Nou	drank	te bwè
They - Yo	drink	bwè	They're - Y'	drinking	ap bwè	They - Yo	drank	te bwè

Past Progressive			Future			Conditional Present		
I - Mwen	was drinking	t'ap bwè	I - Mwen	will drink	pral bwè	I - Mwen	would drink	ta bwè
You - Ou	were drinking	t'ap bwè	You - Ou	will drink	pral bwè	You - Ou	would drink	ta bwè
He/She/It - Li	was drinking	t'ap bwè	He/She/It - Li	will drink	pral bwè	He/She/It - Li	would drink	ta bwè
We - Nou	were drinking	t'ap bwè	We - Nou	will drink	pral bwè	We - Nou	would drink	ta bwè
You - Nou	were drinking	t'ap bwè	You - Nou	will drink	pral bwè	You - Nou	would drink	ta bwè
They - Yo	were drinking	t'ap bwè	They - Yo	will drink	pral bwè	They - Yo	would drink	ta bwè

To Drive - Kondwi								
Present			**Present Progressive**			**Simple Past**		
I - Mwen	drive	kondwi	I'm - M'	driving	ap kondwi	I - Mwen	drove	te kondwi
You - Ou	drive	kondwi	You're - W'	driving	ap kondwi	You - Ou	drove	te kondwi
He/She/It - Li	drives	kondwi	He's/She's/It's - L'	driving	ap kondwi	He/She/It - Li	drove	te kondwi
We - Nou	drive	kondwi	We're - N'	driving	ap kondwi	We - Nou	drove	te kondwi
You - Nou	drive	kondwi	You're - N'	driving	ap kondwi	You - Nou	drove	te kondwi
They - Yo	drive	kondwi	They're - Y'	driving	ap kondwi	They - Yo	drove	te kondwi

Past Progressive			Future			Conditional Present		
I - Mwen	was driving	t'ap kondwi	I - Mwen	will drive	pral kondwi	I - Mwen	would drive	ta kondwi
You - Ou	were driving	t'ap kondwi	You - Ou	will drive	pral kondwi	You - Ou	would drive	ta kondwi
He/She/It - Li	was driving	t'ap kondwi	He/She/It - Li	will drive	pral kondwi	He/She/It - Li	would drive	ta kondwi
We - Nou	were driving	t'ap kondwi	We - Nou	will drive	pral kondwi	We - Nou	would drive	ta kondwi
You - Nou	were driving	t'ap kondwi	You - Nou	will drive	pral kondwi	You - Nou	would drive	ta kondwi
They - Yo	were driving	t'ap kondwi	They - Yo	will drive	pral kondwi	They - Yo	would drive	ta kondwi

To Eat - Manje								
Present			**Present Progressive**			**Simple Past**		
I - Mwen	eat	manje	I'm - M'	eating	ap manje	I - Mwen	ate	te manje
You - Ou	eat	manje	You're - W'	eating	ap manje	You - Ou	ate	te manje
He/She/It - Li	eats	manje	He's/She's/It's - L'	eating	ap manje	He/She/It - Li	ate	te manje
We - Nou	eat	manje	We're - N'	eating	ap manje	We - Nou	ate	te manje
You - Nou	eat	manje	You're - N'	eating	ap manje	You - Nou	ate	te manje
They - Yo	eat	manje	They're - Y'	eating	ap manje	They - Yo	ate	te manje

Past Progressive			Future			Conditional Present		
I - Mwen	was eating	t'ap manje	I - Mwen	will eat	pral manje	I - Mwen	would eat	ta manje
You - Ou	were eating	t'ap manje	You - Ou	will eat	pral manje	You - Ou	would eat	ta manje
He/She/It - Li	was eating	t'ap manje	He/She/It - Li	will eat	pral manje	He/She/It - Li	would eat	ta manje
We - Nou	were eating	t'ap manje	We - Nou	will eat	pral manje	We - Nou	would eat	ta manje
You - Nou	were eating	t'ap manje	You - Nou	will eat	pral manje	You - Nou	would eat	ta manje
They - Yo	were eating	t'ap manje	They - Yo	will eat	pral manje	They - Yo	would eat	ta manje

To Enter - Antre								
Present			**Present Progressive**			**Simple Past**		
I - M'	enter	antre	I'm - M'	entering	ap antre	I - Mwen	entered	te antre
You - W'	enter	antre	You're - W'	entering	ap antre	You - Ou	entered	te antre
He/She/It - L'	enters	antre	He's/She's/It's - L'	entering	ap antre	He/She/It - Li	entered	te antre
We- N'	enter	antre	We're - N'	entering	ap antre	We - Nou	entered	te antre
You- N'	enter	antre	You're - N'	entering	ap antre	You - Nou	entered	te antre
They- Y'	enter	antre	They're - Y'	entering	ap antre	They - Yo	entered	te antre

Past Progressive			Future			Conditional Present		
I - Mwen	was entering	t'ap antre	I - Mwen	will enter	pral antre	I - Mwen	would enter	ta antre
You - Ou	were entering	t'ap antre	You - Ou	will enter	pral antre	You - Ou	would enter	ta antre
He/She/It - Li	was entering	t'ap antre	He/She/It - Li	will enter	pral antre	He/She/It - Li	would enter	ta antre
We - Nou	were entering	t'ap antre	We - Nou	will enter	pral antre	We - Nou	would enter	ta antre
You - Nou	were entering	t'ap antre	You - Nou	will enter	pral antre	You - Nou	would enter	ta antre
They - Yo	were entering	t'ap antre	They - Yo	will enter	pral antre	They - Yo	would enter	ta antre

To Exit - Sòti								
Present			**Present Progressive**			**Simple Past**		
I - Mwen	exit	sòti	I'm - M'	exiting	ap sòti	I - Mwen	exited	te sòti
You - Ou	exit	sòti	You're - W'	exiting	ap sòti	You - Ou	exited	te sòti
He/She/It - Li	exits	sòti	He's/She's/It's - L'	exiting	ap sòti	He/She/It - Li	exited	te sòti
We - Nou	exit	sòti	We're - N'	exiting	ap sòti	We - Nou	exited	te sòti
You - Nou	exit	sòti	You're - N'	exiting	ap sòti	You - Nou	exited	te sòti
They - Yo	exit	sòti	They're - Y'	exiting	ap sòti	They - Yo	exited	te sòti

Past Progressive			**Future**			**Conditional Present**		
I - Mwen	was exiting	t'ap sòti	I - Mwen	will exit	pral sòti	I - Mwen	would exit	ta sòti
You - Ou	were exiting	t'ap sòti	You - Ou	will exit	pral sòti	You - Ou	would exit	ta sòti
He/She/It - Li	was exiting	t'ap sòti	He/She/It - Li	will exit	pral sòti	He/She/It - Li	would exit	ta sòti
We - Nou	were exiting	t'ap sòti	We - Nou	will exit	pral sòti	We - Nou	would exit	ta sòti
You - Nou	were exiting	t'ap sòti	You - Nou	will exit	pral sòti	You - Nou	would exit	ta sòti
They - Yo	were exiting	t'ap sòti	They - Yo	will exit	pral sòti	They - Yo	would exit	ta sòti

To explain - Eksplike								
Present			**Present Progressive**			**Simple Past**		
I - M'	explain	eksplike	I'm - M'	explainin g	ap eksplike	I - Mwen	explained	te eksplike
You - W'	explain	eksplike	You're - W'	explainin g	ap eksplike	You - Ou	explained	te eksplike
He/She/It - L'	explains	eksplike	He's/She's/It's - L'	explainin g	ap eksplike	He/She/It - Li	explained	te eksplike
We- N'	explain	eksplike	We're - N'	explainin g	ap eksplike	We - Nou	explained	te eksplike
You- N'	explain	eksplike	You're - N'	explainin g	ap eksplike	You - Nou	explained	te eksplike
They- Y'	explain	eksplike	They're - Y'	explainin g	ap eksplike	They - Yo	explained	te eksplike

Past Progressive			**Future**			**Conditional Present**		
I - Mwen	was explaining	t'ap eksplike	I - Mwen	will explain	pral eksplike	I - Mwen	would explain	ta eksplike
You - Ou	were explaining	t'ap eksplike	You - Ou	will explain	pral eksplike	You - Ou	would explain	ta eksplike
He/She/It - Li	was explaining	t'ap eksplike	He/She/It - Li	will explain	pral eksplike	He/She/It - Li	would explain	ta eksplike
We - Nou	were explaining	t'ap eksplike	We - Nou	will explain	pral eksplike	We - Nou	would explain	ta eksplike
You - Nou	were explaining	t'ap eksplike	You - Nou	will explain	pral eksplike	You - Nou	would explain	ta eksplike
They - Yo	were explaining	t'ap eksplike	They - Yo	will explain	pral eksplike	They - Yo	would explain	ta eksplike

To Fall - Tonbe								
Present			**Present Progressive**			**Simple Past**		
I - Mwen	fall	tonbe	I'm - M'	falling	ap tonbe	I - Mwen	fell	te tonbe
You - Ou	fall	tonbe	You're - W'	falling	ap tonbe	You - Ou	fell	te tonbe
He/She/It - Li	falls	tonbe	He's/She's/It's - L'	falling	ap tonbe	He/She/It - Li	fell	te tonbe
We - Nou	fall	tonbe	We're - N'	falling	ap tonbe	We - Nou	fell	te tonbe
You - Nou	fall	tonbe	You're - N'	falling	ap tonbe	You - Nou	fell	te tonbe
They - Yo	fall	tonbe	They're - Y'	falling	ap tonbe	They - Yo	fell	te tonbe

Past Progressive			**Future**			**Conditional Present**		
I - Mwen	was falling	t'ap tonbe	I - Mwen	will fall	pral tonbe	I - Mwen	would fall	ta tonbe
You - Ou	were falling	t'ap tonbe	You - Ou	will fall	pral tonbe	You - Ou	would fall	ta tonbe
He/She/It - Li	was falling	t'ap tonbe	He/She/It - Li	will fall	pral tonbe	He/She/It - Li	would fall	ta tonbe
We - Nou	were falling	t'ap tonbe	We - Nou	will fall	pral tonbe	We - Nou	would fall	ta tonbe
You - Nou	were falling	t'ap tonbe	You - Nou	will fall	pral tonbe	You - Nou	would fall	ta tonbe
They - Yo	were falling	t'ap tonbe	They - Yo	will fall	pral tonbe	They - Yo	would fall	ta tonbe

To Feel - Santi								
Present			**Present Progressive**			**Simple Past**		
I - Mwen	feel	santi	I'm - M'	feeling	ap santi	I - Mwen	felt	te santi
You - Ou	feel	santi	You're - W'	feeling	ap santi	You - Ou	felt	te santi
He/She/It - Li	feels	santi	He's/She's/It's - L'	feeling	ap santi	He/She/It - Li	felt	te santi
We - Nou	feel	santi	We're - N'	feeling	ap santi	We - Nou	felt	te santi
You – Nou	feel	santi	You're - N'	feeling	ap santi	You – Nou	felt	te santi
They - Yo	feel	santi	They're - Y'	feeling	ap santi	They - Yo	felt	te santi

Past Progressive			**Future**			**Conditional Present**		
I - Mwen	was feeling	t'ap santi	I - Mwen	will feel	pral santi	I - Mwen	would feel	ta santi
You - Ou	were feeling	t'ap santi	You - Ou	will feel	pral santi	You - Ou	would feel	ta santi
He/She/It - Li	was feeling	t'ap santi	He/She/It - Li	will feel	pral santi	He/She/It - Li	would feel	ta santi
We - Nou	were feeling	t'ap santi	We - Nou	will feel	pral santi	We - Nou	would feel	ta santi
You – Nou	were feeling	t'ap santi	You - Nou	will feel	pral santi	You - Nou	would feel	ta santi
They - Yo	were feeling	t'ap santi	They - Yo	will feel	pral santi	They - Yo	would feel	ta santi

To Fight - Batay								
Present			**Present Progressive**			**Simple Past**		
I - Mwen	fight	batay	I'm - M'	fighting	ap batay	I - Mwen	fought	te batay
You - Ou	fight	batay	You're - W'	fighting	ap batay	You - Ou	fought	te batay
He/She/It - Li	fights	batay	He's/She's/It's - L'	fighting	ap batay	He/She/It - Li	fought	te batay
We - Nou	fight	batay	We're - N'	fighting	ap batay	We - Nou	fought	te batay
You – Nou	fight	batay	You're - N'	fighting	ap batay	You - Nou	fought	te batay
They - Yo	fight	batay	They're - Y'	fighting	ap batay	They - Yo	fought	te batay

Past Progressive			Future			Conditional Present		
I - Mwen	was fighting	t'ap batay	I - Mwen	will fight	pral batay	I - Mwen	would fight	ta batay
You - Ou	were fighting	t'ap batay	You - Ou	will fight	pral batay	You - Ou	would fight	ta batay
He/She/It - Li	was fighting	t'ap batay	He/She/It - Li	will fight	pral batay	He/She/It - Li	would fight	ta batay
We - Nou	were fighting	t'ap batay	We - Nou	will fight	pral batay	We - Nou	would fight	ta batay
You - Nou	were fighting	t'ap batay	You - Nou	will fight	pral batay	You - Nou	would fight	ta batay
They - Yo	were fighting	t'ap batay	They - Yo	will fight	pral batay	They - Yo	would fight	ta batay

To Find - Jwenn								
Present			**Present Progressive**			**Simple Past**		
I - Mwen	find	jwenn	I'm - M'	finding	ap jwenn	I - Mwen	found	te jwenn
You - Ou	find	jwenn	You're - W'	finding	ap jwenn	You - Ou	found	te jwenn
He/She/It - Li	finds	jwenn	He's/She's/It's - L'	finding	ap jwenn	He/She/It - Li	found	te jwenn
We - Nou	find	jwenn	We're - N'	finding	ap jwenn	We - Nou	found	te jwenn
You - Nou	find	jwenn	You're - N'	finding	ap jwenn	You - Nou	found	te jwenn
They - Yo	find	jwenn	They're - Y'	finding	ap jwenn	They - Yo	found	te jwenn

Past Progressive			Future			Conditional Present		
I - Mwen	was finding	t'ap jwenn	I - Mwen	will find	pral jwenn	I - Mwen	would find	ta jwenn
You - Ou	were finding	t'ap jwenn	You - Ou	will find	pral jwenn	You - Ou	would find	ta jwenn
He/She/It - Li	was finding	t'ap jwenn	He/She/It - Li	will find	pral jwenn	He/She/It - Li	would find	ta jwenn
We - Nou	were finding	t'ap jwenn	We - Nou	will find	pral jwenn	We - Nou	would find	ta jwenn
You - Nou	were finding	t'ap jwenn	You - Nou	will find	pral jwenn	You - Nou	would find	ta jwenn
They - Yo	were finding	t'ap jwenn	They - Yo	will find	pral jwenn	They - Yo	would find	ta jwenn

To Finish - Fini								
Present			**Present Progressive**			**Simple Past**		
I - Mwen	finish	fini	I'm - M'	finishing	ap fini	I - Mwen	finished	te fini
You - Ou	finish	fini	You're - W'	finishing	ap fini	You - Ou	finished	te fini
He/She/It - Li	finishes	fini	He's/She's/It's - L'	finishing	ap fini	He/She/It - Li	finished	te fini
We - Nou	finish	fini	We're - N'	finishing	ap fini	We - Nou	finished	te fini
You - Nou	finish	fini	You're - N'	finishing	ap fini	You - Nou	finished	te fini
They - Yo	finish	fini	They're - Y'	finishing	ap fini	They - Yo	finished	te fini

Past Progressive			**Future**			**Conditional Present**		
I - Mwen	was finishing	t'ap fini	I - Mwen	will finish	pral fini	I - Mwen	would finish	ta fini
You - Ou	was finishing	t'ap fini	You - Ou	will finish	pral fini	You - Ou	would finish	ta fini
He/She/It - Li	was finishing	t'ap fini	He/She/It - Li	will finish	pral fini	He/She/It - Li	would finish	ta fini
We - Nou	was finishing	t'ap fini	We - Nou	will finish	pral fini	We - Nou	would finish	ta fini
You - Nou	was finishing	t'ap fini	You - Nou	will finish	pral fini	You - Nou	would finish	ta fini
They - Yo	was finishing	t'ap fini	They - Yo	will finish	pral fini	They - Yo	would finish	ta fini

To Fly - Vole								
Present			**Present Progressive**			**Simple Past**		
I - Mwen	fly	vole	I'm - M'	flying	ap vole	I - Mwen	flew	te vole
You - Ou	fly	vole	You're - W'	flying	ap vole	You - Ou	flew	te vole
He/She/It - Li	flies	vole	He's/She's/It's - L'	flying	ap vole	He/She/It - Li	flew	te vole
We - Nou	fly	vole	We're - N'	flying	ap vole	We - Nou	flew	te vole
You - Nou	fly	vole	You're - N'	flying	ap vole	You - Nou	flew	te vole
They - Yo	fly	vole	They're - Y'	flying	ap vole	They - Yo	flew	te vole

Past Progressive			**Future**			**Conditional Present**		
I - Mwen	was flying	t'ap vole	I - Mwen	will fly	pral vole	I - Mwen	would fly	ta vole
You - Ou	were flying	t'ap vole	You - Ou	will fly	pral vole	You - Ou	would fly	ta vole
He/She/It - Li	was flying	t'ap vole	He/She/It - Li	will fly	pral vole	He/She/It - Li	would fly	ta vole
We - Nou	were flying	t'ap vole	We - Nou	will fly	pral vole	We - Nou	would fly	ta vole
You - Nou	were flying	t'ap vole	You - Nou	will fly	pral vole	You - Nou	would fly	ta vole
They - Yo	were flying	t'ap vole	They - Yo	will fly	pral vole	They - Yo	would fly	ta vole

To Forget - Bliye								
Present			**Present Progressive**			**Simple Past**		
I - Mwen	forget	bliye	I'm - M'	forgetting	ap bliye	I - Mwen	forgot	te bliye
You - Ou	forget	bliye	You're - W'	forgetting	ap bliye	You - Ou	forgot	te bliye
He/She/It - Li	forgets	bliye	He's/She's/It's - L'	forgetting	ap bliye	He/She/It - Li	forgot	te bliye
We - Nou	forget	bliye	We're - N'	forgetting	ap bliye	We - Nou	forgot	te bliye
You - Nou	forget	bliye	You're - N'	forgetting	ap bliye	You - Nou	forgot	te bliye
They - Yo	forget	bliye	They're - Y'	forgetting	ap bliye	They - Yo	forgot	te bliye

Past Progressive			Future			Conditional Present		
I - Mwen	was forgetting	t'ap bliye	I - Mwen	will forget	pral bliye	I - Mwen	would forget	ta bliye
You - Ou	were forgetting	t'ap bliye	You - Ou	will forget	pral bliye	You - Ou	would forget	ta bliye
He/She/It - Li	was forgetting	t'ap bliye	He/She/It - Li	will forget	pral bliye	He/She/It - Li	would forget	ta bliye
We - Nou	were forgetting	t'ap bliye	We - Nou	will forget	pral bliye	We - Nou	would forget	ta bliye
You - Nou	were forgetting	t'ap bliye	You - Nou	will forget	pral bliye	You - Nou	would forget	ta bliye
They - Yo	were forgetting	t'ap bliye	They - Yo	will forget	pral bliye	They - Yo	would forget	ta bliye

To Get Up - Leve								
Present			**Present Progressive**			**Simple Past**		
I - Mwen	get up	leve	I'm - M'	getting up	ap leve	I - Mwen	got up	te leve
You - Ou	get up	leve	You're - W'	getting up	ap leve	You - Ou	got up	te leve
He/She/It - Li	gets up	leve	He's/She's/It's - L'	getting up	ap leve	He/She/It - Li	got up	te leve
We - Nou	get up	leve	We're - N'	getting up	ap leve	We - Nou	got up	te leve
You - Nou	get up	leve	You're - N'	getting up	ap leve	You - Nou	got up	te leve
They - Yo	get up	leve	They're - Y'	getting up	ap leve	They - Yo	got up	te leve

Past Progressive			**Future**			**Conditional Present**		
I - Mwen	was getting up	t'ap leve	I - Mwen	will get up	pral leve	I - Mwen	would get up	ta leve
You - Ou	were getting up	t'ap leve	You - Ou	will get up	pral leve	You - Ou	would get up	ta leve
He/She/It - Li	was getting up	t'ap leve	He/She/It - Li	will get up	pral leve	He/She/It - Li	would get up	ta leve
We - Nou	were getting up	t'ap leve	We - Nou	will get up	pral leve	We - Nou	would get up	ta leve
You - Nou	were getting up	t'ap leve	You - Nou	will get up	pral leve	You - Nou	would get up	ta leve
They - Yo	were getting up	t'ap leve	They - Yo	will get up	pral leve	They - Yo	would get up	ta leve

To Give - Bay								
Present			**Present Progressive**			**Simple Past**		
I - Mwen	give	bay	I'm - M'	giving	ap bay	I - Mwen	gave	te bay
You - Ou	give	bay	You're - W'	giving	ap bay	You - Ou	gave	te bay
He/She/It - Li	gives	bay	He's/She's/It's - L'	giving	ap bay	He/She/It - Li	gave	te bay
We - Nou	give	bay	We're - N'	giving	ap bay	We - Nou	gave	te bay
You - Nou	give	bay	You're - N'	giving	ap bay	You - Nou	gave	te bay
They - Yo	give	bay	They're - Y'	giving	ap bay	They - Yo	gave	te bay

Past Progressive			Future			Conditional Present		
I - Mwen	was giving	t'ap bay	I - Mwen	will give	pral bay	I - Mwen	would give	ta bay
You - Ou	were giving	t'ap bay	You - Ou	will give	pral bay	You - Ou	would give	ta bay
He/She/It - Li	was giving	t'ap bay	He/She/It - Li	will give	pral bay	He/She/It - Li	would give	ta bay
We - Nou	were giving	t'ap bay	We - Nou	will give	pral bay	We - Nou	would give	ta bay
You - Nou	were giving	t'ap bay	You - Nou	will give	pral bay	You - Nou	would give	ta bay
They - Yo	were giving	t'ap bay	They - Yo	will give	pral bay	They - Yo	would give	ta bay

To Go - Ale								
Present			**Present Progressive**			**Simple Past**		
I - M'	go	ale	I'm - M'	going	ap prale	I - Mwen	went	te ale
You - W'	go	ale	You're - W'	going	ap prale	You - Ou	went	te ale
He/She/It - L'	goes	ale	He's/She's/It's - L'	going	ap prale	He/She/It - Li	went	te ale
We- N'	go	ale	We're - N'	going	ap prale	We - Nou	went	te ale
You- N'	go	ale	You're - N'	going	ap prale	You - Nou	went	te ale
They- Y'	go	ale	They're - Y'	going	ap prale	They - Yo	went	te ale

Past Progressive			**Future**			**Conditional Present**		
I - Mwen	was going	t'ap prale	I - Mwen	will	prale	I - Mwen	would go	ta ale
You - Ou	were going	t'ap prale	You - Ou	will	prale	You - Ou	would go	ta ale
He/She/It - Li	was going	t'ap prale	He/She/It - Li	will	prale	He/She/It - Li	would go	ta ale
We - Nou	were going	t'ap prale	We - Nou	will	prale	We - Nou	would go	ta ale
You - Nou	were going	t'ap prale	You - Nou	will	prale	You - Nou	would go	ta ale
They - Yo	were going	t'ap prale	They - Yo	will	prale	They - Yo	would go	ta ale

To Happen - Rive								
Present			**Present Progressive**			**Simple Past**		
I - Mwen	happen	rive	I'm - M'	happening	ap rive	I - Mwen	happened	te rive
You - Ou	happen	rive	You're - W'	happening	ap rive	You - Ou	happened	te rive
He/She/It - Li	happens	rive	He's/She's/It's - L'	happening	ap rive	He/She/It - Li	happened	te rive
We - Nou	happen	rive	We're - N'	happening	ap rive	We - Nou	happened	te rive
You - Nou	happen	rive	You're - N'	happening	ap rive	You - Nou	happened	te rive
They - Yo	happen	rive	They're - Y'	happening	ap rive	They - Yo	happened	te rive

Past Progressive			Future			Conditional Present		
I - Mwen	was happening	t'ap rive	I - Mwen	will happen	pral rive	I - Mwen	would happen	ta rive
You - Ou	were happening	t'ap rive	You - Ou	will happen	pral rive	You - Ou	would happen	ta rive
He/She/It - Li	was happening	t'ap rive	He/She/It - Li	will happen	pral rive	He/She/It - Li	would happen	ta rive
We - Nou	were happening	t'ap rive	We - Nou	will happen	pral rive	We - Nou	would happen	ta rive
You - Nou	were happening	t'ap rive	You - Nou	will happen	pral rive	You - Nou	would happen	ta rive
They - Yo	were happening	t'ap rive	They - Yo	will happen	pral rive	They - Yo	would happen	ta rive

To Have - Genyen								
Present			**Present Progressive**			**Simple Past**		
I - Mwen	have	genyen	I'm - M'	having	ap genyen	I - Mwen	had	te genyen
You - Ou	have	genyen	You're - W'	having	ap genyen	You - Ou	had	te genyen
He/She/It - Li	has	genyen	He's/She's/It's - L'	having	ap genyen	He/She/It - Li	had	te genyen
We - Nou	have	genyen	We're - N'	having	ap genyen	We - Nou	had	te genyen
You - Nou	have	genyen	You're - N'	having	ap genyen	You - Nou	had	te genyen
They - Yo	have	genyen	They're - Y'	having	ap genyen	They - Yo	had	te genyen

Past Progressive			**Future**			**Conditional Present**		
I - Mwen	was having	t'ap genyen	I - Mwen	will have	pral genyen	I - Mwen	would have	ta genyen
You - Ou	were having	t'ap genyen	You - Ou	will have	pral genyen	You - Ou	would have	ta genyen
He/She/It - Li	was having	t'ap genyen	He/She/It - Li	will have	pral genyen	He/She/It - Li	would have	ta genyen
We - Nou	were having	t'ap genyen	We - Nou	will have	pral genyen	We - Nou	would have	ta genyen
You - Nou	were having	t'ap genyen	You - Nou	will have	pral genyen	You - Nou	would have	ta genyen
They - Yo	were having	t'ap genyen	They - Yo	will have	pral genyen	They - Yo	would have	ta genyen

To Hear - Tande								
Present			**Present Progressive**			**Simple Past**		
I - Mwen	hear	tande	I'm - M'	hearing	ap tande	I - Mwen	heard	te tande
You - Ou	hear	tande	You're - W'	hearing	ap tande	You - Ou	heard	te tande
He/She/It - Li	hears	tande	He's/She's/It's - L'	hearing	ap tande	He/She/It - Li	heard	te tande
We - Nou	hear	tande	We're - N'	hearing	ap tande	We - Nou	heard	te tande
You - Nou	hear	tande	You're - N'	hearing	ap tande	You - Nou	heard	te tande
They - Yo	hear	tande	They're - Y'	hearing	ap tande	They - Yo	heard	te tande

Past Progressive			**Future**			**Conditional Present**		
I - Mwen	was hearing	t'ap tande	I - Mwen	will hear	pral tande	I - Mwen	would hear	ta tande
You - Ou	were hearing	t'ap tande	You - Ou	will hear	pral tande	You - Ou	would hear	ta tande
He/She/It - Li	was hearing	t'ap tande	He/She/It - Li	will hear	pral tande	He/She/It - Li	would hear	ta tande
We - Nou	were hearing	t'ap tande	We - Nou	will hear	pral tande	We - Nou	would hear	ta tande
You - Nou	were hearing	t'ap tande	You - Nou	will hear	pral tande	You - Nou	would hear	ta tande
They - Yo	were hearing	t'ap tande	They - Yo	will hear	pral tande	They - Yo	would hear	ta tande

To Help - Ede								
Present			**Present Progressive**			**Simple Past**		
I - M'	help	ede	I'm - M'	helping	ap ede	I - Mwen	helped	te ede
You - W'	help	ede	You're - W'	helping	ap ede	You - Ou	helped	te ede
He/She/It - L'	helps	ede	He's/She's/It's - L'	helping	ap ede	He/She/It - Li	helped	te ede
We- N'	help	ede	We're - N'	helping	ap ede	We - Nou	helped	te ede
You- N'	help	ede	You're - N'	helping	ap ede	You - Nou	helped	te ede
They- Y'	help	ede	They're - Y'	helping	ap ede	They - Yo	helped	te ede

Past Progressive			**Future**			**Conditional Present**		
I - Mwen	was helping	t'ap ede	I - Mwen	will help	pral ede	I - Mwen	would help	ta ede
You - Ou	were helping	t'ap ede	You - Ou	will help	pral ede	You - Ou	would help	ta ede
He/She/It - Li	was helping	t'ap ede	He/She/It - Li	will help	pral ede	He/She/It - Li	would help	ta ede
We - Nou	were helping	t'ap ede	We - Nou	will help	pral ede	We - Nou	would help	ta ede
You - Nou	were helping	t'ap ede	You - Nou	will help	pral ede	You - Nou	would help	ta ede
They - Yo	were helping	t'ap ede	They - Yo	will help	pral ede	They - Yo	would help	ta ede

To Hold - Kenbe								
Present			**Present Progressive**			**Simple Past**		
I - Mwen	hold	kenbe	I'm - M'	holding	ap tande	I - Mwen	held	te kenbe
You - Ou	hold	kenbe	You're - W'	holding	ap tande	You - Ou	held	te kenbe
He/She/It - Li	holds	kenbe	He's/She's/It's - L'	holding	ap tande	He/She/It - Li	held	te kenbe
We - Nou	hold	kenbe	We're - N'	holding	ap tande	We - Nou	held	te kenbe
You - Nou	hold	kenbe	You're - N'	holding	ap tande	You - Nou	held	te kenbe
They - Yo	hold	kenbe	They're - Y'	holding	ap tande	They - Yo	held	te kenbe

Past Progressive			**Future**			**Conditional Present**		
I - Mwen	was holding	t'ap kenbe	I - Mwen	will hold	pral kenbe	I - Mwen	would hold	ta kenbe
You - Ou	were holding	t'ap kenbe	You - Ou	will hold	pral kenbe	You - Ou	would hold	ta kenbe
He/She/It - Li	was holding	t'ap kenbe	He/She/It - Li	will hold	pral kenbe	He/She/It - Li	would hold	ta kenbe
We - Nou	were holding	t'ap kenbe	We - Nou	will hold	pral kenbe	We - Nou	would hold	ta kenbe
You - Nou	were holding	t'ap kenbe	You - Nou	will hold	pral kenbe	You - Nou	would hold	ta kenbe
They - Yo	were holding	t'ap kenbe	They - Yo	will hold	pral kenbe	They - Yo	would hold	ta kenbe

To Increase - Ogmante								
Present			**Present Progressive**			**Simple Past**		
I – M'	increase	ogmante	I'm - M'	increasing	ap ogmante	I - Mwen	increased	te ogmante
You - Ou	increase	ogmante	You're - W'	increasing	ap ogmante	You - Ou	increased	te ogmante
He/She/It - Li	increases	ogmante	He's/She's/It's - L'	increasing	ap ogmante	He/She/It - Li	increased	te ogmante
We - Nou	increase	ogmante	We're - N'	increasing	ap ogmante	We - Nou	increased	te ogmante
You - Nou	increase	ogmante	You're - N'	increasing	ap ogmante	You - Nou	increased	te ogmante
They - Yo	increase	ogmante	They're - Y'	increasing	ap ogmante	They - Yo	increased	te ogmante

Past Progressive			**Future**			**Conditional Present**		
I - Mwen	was increasing	t'ap ogmante	I - Mwen	will increase	pral ogmante	I - Mwen	would increase	ta ogmante
You - Ou	were increasing	t'ap ogmante	You - Ou	will increase	pral ogmante	You - Ou	would increase	ta ogmante
He/She/It - Li	was increasing	t'ap ogmante	He/She/It - Li	will increase	pral ogmante	He/She/It - Li	would increase	ta ogmante
We - Nou	were increasing	t'ap ogmante	We - Nou	will increase	pral ogmante	We - Nou	would increase	ta ogmante
You - Nou	were increasing	t'ap ogmante	You - Nou	will increase	pral ogmante	You - Nou	would increase	ta ogmante
They - Yo	were increasing	t'ap ogmante	They - Yo	will increase	pral ogmante	They - Yo	would increase	ta ogmante

To Introduce - Entwodwi								
Present			**Present Progressive**			**Simple Past**		
I - M'	introduce	entwodwi	I'm - M'	introducing	ap entwodwi	I - Mwen	introduced	te entwodwi
You - W'	introduce	entwodwi	You're - W'	introducing	ap entwodwi	You - Ou	introduced	te entwodwi
He/She/It - L'	introduces	entwodwi	He's/She's/It's - L'	introducing	ap entwodwi	He/She/It - Li	introduced	te entwodwi
We- N'	introduce	entwodwi	We're - N'	introducing	ap entwodwi	We - Nou	introduced	te entwodwi
You- N'	introduce	entwodwi	You're - N'	introducing	ap entwodwi	You - Nou	introduced	te entwodwi
They- Y'	introduce	entwodwi	They're - Y'	introducing	ap entwodwi	They - Yo	introduced	te entwodwi

Past Progressive			**Future**			**Conditional Present**		
I - Mwen	was introducing	t'ap entwodwi	I - Mwen	will introduce	pral entwodwi	I - Mwen	would introduce	ta entwodwi
You - Ou	were introducing	t'ap entwodwi	You - Ou	will introduce	pral entwodwi	You - Ou	would introduce	ta entwodwi
He/She/It - Li	was introducing	t'ap entwodwi	He/She/It - Li	will introduce	pral entwodwi	He/She/It - Li	would introduce	ta entwodwi
We - Nou	were introducing	t'ap entwodwi	We - Nou	will introduce	pral entwodwi	We - Nou	would introduce	ta entwodwi
You - Nou	were introducing	t'ap entwodwi	You - Nou	will introduce	pral entwodwi	You - Nou	would introduce	ta entwodwi
They - Yo	were introducing	t'ap entwodwi	They - Yo	will introduce	pral entwodwi	They - Yo	would introduce	ta entwodwi

To Invite - Envite								
Present			**Present Progressive**			**Simple Past**		
I - M'	invite	envite	I'm - M'	inviting	ap envite	I - Mwen	invited	te envite
You - W'	invite	envite	You're - W'	inviting	ap envite	You - Ou	invited	te envite
He/She/It - L'	invites	envite	He's/She's/It's - L'	inviting	ap envite	He/She/It - Li	invited	te envite
We- N'	invite	envite	We're - N'	inviting	ap envite	We - Nou	invited	te envite
You- N'	invite	envite	You're - N'	inviting	ap envite	You - Nou	invited	te envite
They- Y'	invite	envite	They're - Y'	inviting	ap envite	They - Yo	invited	te envite

Past Progressive			Future			Conditional Present		
I - Mwen	was inviting	t'ap envite	I - Mwen	will invite	pral envite	I - Mwen	would invite	ta envite
You - Ou	were inviting	t'ap envite	You - Ou	will invite	pral envite	You - Ou	would invite	ta envite
He/She/It - Li	was inviting	t'ap envite	He/She/It - Li	will invite	pral envite	He/She/It - Li	would invite	ta envite
We - Nou	were inviting	t'ap envite	We - Nou	will invite	pral envite	We - Nou	would invite	ta envite
You - Nou	were inviting	t'ap envite	You - Nou	will invite	pral envite	You - Nou	would invite	ta envite
They - Yo	were inviting	t'ap envite	They - Yo	will invite	pral envite	They - Yo	would invite	ta envite

To Kill - Tuye								
Present			**Present Progressive**			**Simple Past**		
I - Mwen	kill	tuye	I'm - M'	killing	ap tuye	I - Mwen	killed	te tuye
You - Ou	kill	tuye	You're - W'	killing	ap tuye	You - Ou	killed	te tuye
He/She/It - Li	kills	tuye	He's/She's/It's - L'	killing	ap tuye	He/She/It - Li	killed	te tuye
We - Nou	kill	tuye	We're - N'	killing	ap tuye	We - Nou	killed	te tuye
You - Nou	kill	tuye	You're - N'	killing	ap tuye	You - Nou	killed	te tuye
They - Yo	kill	tuye	They're - Y'	killing	ap tuye	They - Yo	killed	te tuye

Past Progressive			**Future**			**Conditional Present**		
I - Mwen	was killing	t'ap tuye	I - Mwen	will kill	pral tuye	I - Mwen	would kill	ta tuye
You - Ou	were killing	t'ap tuye	You - Ou	will kill	pral tuye	You - Ou	would kill	ta tuye
He/She/It - Li	was killing	t'ap tuye	He/She/It - Li	will kill	pral tuye	He/She/It - Li	would kill	ta tuye
We - Nou	were killing	t'ap tuye	We - Nou	will kill	pral tuye	We - Nou	would kill	ta tuye
You - Nou	were killing	t'ap tuye	You - Nou	will kill	pral tuye	You - Nou	would kill	ta tuye
They - Yo	were killing	t'ap tuye	They - Yo	will kill	pral tuye	They - Yo	would kill	ta tuye

To Kiss - Bo								
Present			**Present Progressive**			**Simple Past**		
I - Mwen	kiss	bo	I'm - M'	kissing	ap bo	I - Mwen	kissed	te bo
You - Ou	kiss	bo	You're - W'	kissing	ap bo	You - Ou	kissed	te bo
He/She/It - Li	kisses	bo	He's/She's/It's - L'	kissing	ap bo	He/She/It - Li	kissed	te bo
We - Nou	kiss	bo	We're - N'	kissing	ap bo	We - Nou	kissed	te bo
You - Nou	kiss	bo	You're - N'	kissing	ap bo	You - Nou	kissed	te bo
They - Yo	kiss	bo	They're - Y'	kissing	ap bo	They - Yo	kissed	te bo

Past Progressive			**Future**			**Conditional Present**		
I - Mwen	was kissing	t'ap bo	I - Mwen	will kiss	pral bo	I - Mwen	would kiss	ta bo
You - Ou	were kissing	t'ap bo	You - Ou	will kiss	pral bo	You - Ou	would kiss	ta bo
He/She/It - Li	was kissing	t'ap bo	He/She/It Li	will kiss	pral bo	He/She/It - LI	would kiss	ta bo
We - Nou	were kissing	t'ap bo	We - Nou	will kiss	pral bo	We - Nou	would kiss	ta bo
You - Nou	were kissing	t'ap bo	You - Nou	will kiss	pral bo	You - Nou	would kiss	ta bo
They - Yo	were kissing	t'ap bo	They - Yo	will kiss	pral bo	They - Yo	would kiss	ta bo

To Know - Konnen								
Present			**Present Progressive**			**Simple Past**		
I - Mwen	know	konnen	I'm - M'	knowing	ap konnen	I - Mwen	knew	te konnen
You - Ou	know	konnen	You're - W'	knowing	ap konnen	You - Ou	knew	te konnen
He/She/It - Li	knows	konnen	He's/She's/It's - L'	knowing	ap konnen	He/She/It - Li	knew	te konnen
We - Nou	know	konnen	We're - N'	knowing	ap konnen	We - Nou	knew	te konnen
You - Nou	know	konnen	You're - N'	knowing	ap konnen	You - Nou	knew	te konnen
They - Yo	know	konnen	They're - Y'	knowing	ap konnen	They - Yo	knew	te konnen

Past Progressive			Future			Conditional Present		
I - Mwen	was knowing	t'ap konnen	I - Mwen	will know	pral konnen	I - Mwen	would know	ta konnen
You - Ou	were knowing	t'ap konnen	You - Ou	will know	pral konnen	You - Ou	would know	ta konnen
He/She/It - Li	was knowing	t'ap konnen	He/She/It - Li	will know	pral konnen	He/She/It - Li	would know	ta konnen
We - Nou	were knowing	t'ap konnen	We - Nou	will know	pral konnen	We - Nou	would know	ta konnen
You - Nou	were knowing	t'ap konnen	You - Nou	will know	pral konnen	You - Nou	would know	ta konnen
They - Yo	were knowing	t'ap konnen	They - Yo	will know	pral konnen	They - Yo	would know	ta konnen

To Laugh - Ri								
Present			**Present Progressive**			**Simple Past**		
I - Mwen	laugh	ri	I'm - M'	laughing	ap ri	I - Mwen	laughed	te ri
You - Ou	laugh	ri	You're - W'	laughing	ap ri	You - Ou	laughed	te ri
He/She/It - Li	laughes	ri	He's/She's/It's - L'	laughing	ap ri	He/She/It - Li	laughed	te ri
We - Nou	laugh	ri	We're - N'	laughing	ap ri	We - Nou	laughed	te ri
You - Nou	laugh	ri	You're - N'	laughing	ap ri	You - Nou	laughed	te ri
They - Yo	laugh	ri	They're - Y'	laughing	ap ri	They - Yo	laughed	te ri

Past Progressive			**Future**			**Conditional Present**		
I - Mwen	was laughing	t'ap ri	I - Mwen	will laugh	pral ri	I - Mwen	would laugh	ta ri
You - Ou	were laughing	t'ap ri	You - Ou	will laugh	pral ri	You - Ou	would laugh	ta ri
He/She/It - LI	was laughing	t'ap ri	He/She/It - Li	will laugh	pral ri	He/She/It - Li	would laugh	ta ri
We - Nou	were laughing	t'ap ri	We - Nou	will laugh	pral ri	We - Nou	would laugh	ta ri
You - Nou	were laughing	t'ap ri	You - Nou	will laugh	pral ri	You - Nou	would laugh	ta ri
They - Yo	were laughing	t'ap ri	They - Yo	will laugh	pral ri	They - Yo	would laugh	ta ri

To Learn - Aprann								
Present			**Present Progressive**			**Simple Past**		
I - M'	learn	aprann	I'm - M'	learning	ap aprann	I - Mwen	learned	te aprann
You - W'	learn	aprann	You're - W'	learning	ap aprann	You - Ou	learned	te aprann
He/She/It - L'	learns	aprann	He's/She's/It's - L'	learning	ap aprann	He/She/It - Li	learned	te aprann
We- N'	learn	aprann	We're - N'	learning	ap aprann	We - Nou	learned	te aprann
You- N'	learn	aprann	You're - N'	learning	ap aprann	You - Nou	learned	te aprann
They- Y'	learn	aprann	They're - Y'	learning	ap aprann	They - Yo	learned	te aprann

Past Progressive			**Future**			**Conditional Present**		
I - Mwen	was learning	ap aprann	I - Mwen	will learn	pral aprann	I - Mwen	would learn	ta aprann
You - Ou	were learning	ap aprann	You - Ou	will learn	pral aprann	You - Ou	would learn	ta aprann
He/She/It - Li	was learning	ap aprann	He/She/It - Li	will learn	pral aprann	He/She/It - Li	would learn	ta aprann
We - Nou	were learning	ap aprann	We - Nou	will learn	pral aprann	We - Nou	would learn	ta aprann
You - Nou	were learning	ap aprann	You - Nou	will learn	pral aprann	You - Nou	would learn	ta aprann
They - Yo	were learning	ap aprann	They - Yo	will learn	pral aprann	They - Yo	would learn	ta aprann

To Lie Down - Kouche								
Present			**Present Progressive**			**Simple Past**		
I - Mwen	lie down	kouche	I'm - M'	lying down	ap kouche	I - Mwen	lay down	te kouche
You - Ou	lie down	kouche	You're - W'	lying down	ap kouche	You - Ou	lay down	te kouche
He/She/It - Li	lies down	kouche	He's/She's/It's - L'	lying down	ap kouche	He/She/It - Li	lay down	te kouche
We - Nou	lie down	kouche	We're - N'	lying down	ap kouche	We - Nou	lay down	te kouche
You - Nou	lie down	kouche	You're - N'	lying down	ap kouche	You - Nou	lay down	te kouche
They - Yo	lie down	kouche	They're - Y'	lying down	ap kouche	They - Yo	lay down	te kouche

Past Progressive			**Future**			**Conditional Present**		
I - Mwen	was lying down	t'ap kouche	I - Mwen	will lie down	pral kouche	I - Mwen	would lie down	ta kouche
You - Ou	were lying down	t'ap kouche	You - Ou	will lie down	pral kouche	You - Ou	would lie down	ta kouche
He/She/It - Li	was lying down	t'ap kouche	He/She/It - Li	will lie down	pral kouche	He/She/It - Li	would lie down	ta kouche
We - Nou	were lying down	t'ap kouche	We - Nou	will lie down	pral kouche	We - Nou	would lie down	ta kouche
You – Nou	were lying down	t'ap kouche	You - Nou	will lie down	pral kouche	You - Nou	would lie down	ta kouche
They - Yo	were lying down	t'ap kouche	They - Yo	will lie down	pral kouche	They - Yo	would lie down	ta kouche

To Like - Renmen								
Present			**Present Progressive**			**Simple Past**		
I - Mwen	like	renmen	I'm - M'	liking	ap renmen	I - Mwen	liked	te renmen
You - Ou	like	renmen	You're - W'	liking	ap renmen	You - Ou	liked	te renmen
He/She/It - Li	likes	renmen	He's/She's/It's - L'	liking	ap renmen	He/She/It - Li	liked	te renmen
We - Nou	like	renmen	We're - N'	liking	ap renmen	We - Nou	liked	te renmen
You - Nou	like	renmen	You're - N'	liking	ap renmen	You - Nou	liked	te renmen
They - Yo	like	renmen	They're - Y'	liking	ap renmen	They - Yo	liked	te renmen

Past Progressive			**Future**			**Conditional Present**		
I - Mwen	was liking	t'ap renmen	I - Mwen	will like	pral renmen	I - Mwen	would like	ta renmen
You - Ou	were liking	t'ap renmen	You - Ou	will like	pral renmen	You - Ou	would like	ta renmen
He/She/It - Li	was liking	t'ap renmen	He/She/It - Li	will like	pral renmen	He/She/It - Li	would like	ta renmen
We - Nou	were liking	t'ap renmen	We - Nou	will like	pral renmen	We - Nou	would like	ta renmen
You - Nou	were liking	t'ap renmen	You - Nou	will like	pral renmen	You - Nou	would like	ta renmen
They - Yo	were liking	t'ap renmen	They - Yo	will like	pral renmen	They - Yo	would like	ta renmen

To Listen - Koute								
Present			**Present Progressive**			**Simple Past**		
I - Mwen	listen	koute	I'm - M'	listening	ap koute	I - Mwen	listened	te koute
You - Ou	listen	koute	You're - W'	listening	ap koute	You - Ou	listened	te koute
He/She/It - Li	listens	koute	He's/She's/It's - L'	listening	ap koute	He/She/It - Li	listened	te koute
We - Nou	listen	koute	We're - N'	listening	ap koute	We - Nou	listened	te koute
You - Nou	listen	koute	You're - N'	listening	ap koute	You - Nou	listened	te koute
They - Yo	listen	koute	They're - Y'	listening	ap koute	They - Yo	listened	te koute

Past Progressive			**Future**			**Conditional Present**		
I - Mwen	was listening	t'ap koute	I - Mwen	will listen	pral koute	I - Mwen	would listen	ta koute
You - Ou	were listening	t'ap koute	You - Ou	will listen	pral koute	You - Ou	would listen	ta koute
He/She/It - Li	was listening	t'ap koute	He/She/It - Li	will listen	pral koute	He/She/It - Li	would listen	ta koute
We - Nou	were listening	t'ap koute	We - Nou	will listen	pral koute	We - Nou	would listen	ta koute
You - Nou	were listening	t'ap koute	You - Nou	will listen	pral koute	You - Nou	would listen	ta koute
They - Yo	were listening	t'ap koute	They - Yo	will listen	pral koute	They - Yo	would listen	ta koute

To Live - Viv								
Present			**Present Progressive**			**Simple Past**		
I - Mwen	live	viv	I'm - M'	living	ap viv	I - Mwen	lived	te viv
You - Ou	live	viv	You're - W'	living	ap viv	You - Ou	lived	te viv
He/She/It - Li	lives	viv	He's/She's/It's - L'	living	ap viv	He/She/It - Li	lived	te viv
We - Nou	live	viv	We're - N'	living	ap viv	We - Nou	lived	te viv
You - Nou	live	viv	You're - N'	living	ap viv	You - Nou	lived	te viv
They - Yo	live	viv	They're - Y'	living	ap viv	They - Yo	lived	te viv

Past Progressive			**Future**			**Conditional Present**		
I - Mwen	was living	t'ap viv	I - Mwen	will live	pral viv	I - Mwen	would live	ta viv
You - Ou	were living	t'ap viv	You - Ou	will live	pral viv	You - Ou	would live	ta viv
He/She/It - Li	was living	t'ap viv	He/She/It - Li	will live	pral viv	He/She/It - Li	would live	ta viv
We - Nou	were living	t'ap viv	We - Nou	will live	pral viv	We - Nou	would live	ta viv
You - Nou	were living	t'ap viv	You - Nou	will live	pral viv	You - Nou	would live	ta viv
They - Yo	were living	t'ap viv	They - Yo	will live	pral viv	They - Yo	would live	ta viv

To Lose - Pèdi								
Present			**Present Progressive**			**Simple Past**		
I - Mwen	lose	pèdi	I'm - M'	losing	ap pèdi	I - Mwen	lost	te pèdi
You - Ou	lose	pèdi	You're - W'	losing	ap pèdi	You - Ou	lost	te pèdi
He/She/It - Li	loses	pèdi	He's/She's/It's - L'	losing	ap pèdi	He/She/It - Li	lost	te pèdi
We - Nou	lose	pèdi	We're - N'	losing	ap pèdi	We - Nou	lost	te pèdi
You - Nou	lose	pèdi	You're - N'	losing	ap pèdi	You - Nou	lost	te pèdi
They - Yo	lose	pèdi	They're - Y'	losing	ap pèdi	They - Yo	lost	te pèdi

Past Progressive			**Future**			**Conditional Present**		
I - Mwen	was losing	t'ap pèdi	I - Mwen	will lose	pral pèdi	I - Mwen	would lose	ta pèdi
You - Ou	were losing	t'ap pèdi	You - Ou	will lose	pral pèdi	You - Ou	would lose	ta pèdi
He/She/It - Li	was losing	t'ap pèdi	He/She/It - Li	will lose	pral pèdi	He/She/It - Li	would lose	ta pèdi
We - Nou	were losing	t'ap pèdi	We - Nou	will lose	pral pèdi	We - Nou	would lose	ta pèdi
You - Nou	were losing	t'ap pèdi	You - Nou	will lose	pral pèdi	You - Nou	would lose	ta pèdi
They - Yo	were losing	t'ap pèdi	They - Yo	will lose	pral pèdi	They - Yo	would lose	ta pèdi

To Love - Renmen								
Present			**Present Progressive**			**Simple Past**		
I - Mwen	love	renmen	I'm - M'	loving	ap renmen	I - Mwen	loved	te renmen
You - Ou	love	renmen	You're - W'	loving	ap renmen	You - Ou	loved	te renmen
He/She/It - Li	loves	renmen	He's/She's/It's - L'	loving	ap renmen	He/She/It - Li	loved	te renmen
We - Nou	love	renmen	We're - N'	loving	ap renmen	We - Nou	loved	te renmen
You - Nou	love	renmen	You're - N'	loving	ap renmen	You - Nou	loved	te renmen
They - Yo	love	renmen	They're - Y'	loving	ap renmen	They - Yo	loved	te renmen

Past Progressive			**Future**			**Conditional Present**		
I - Mwen	was loving	t'ap renmen	I - Mwen	will love	pral renmen	I - Mwen	woul love	ta renmen
You - Ou	were loving	t'ap renmen	You - Ou	will love	pral renmen	You - Ou	woul love	ta renmen
He/She/It - Li	was loving	t'ap renmen	He/She/It - Li	will love	pral renmen	He/She/It - Li	woul love	ta renmen
We - Nou	were loving	t'ap renmen	We - Nou	will love	pral renmen	We - Nou	woul love	ta renmen
You - Nou	were loving	t'ap renmen	You - Nou	will love	pral renmen	You - Nou	woul love	ta renmen
They - Yo	were loving	t'ap renmen	They - Yo	will love	pral renmen	They - Yo	woul love	ta renmen

To Meet - Rankontre								
Present			**Present Progressive**			**Simple Past**		
I - Mwen	meet	rankontre	I'm - M'	meeting	ap rankontre	I - Mwen	met	te rankontre
You - Ou	meet	rankontre	You're - W'	meeting	ap rankontre	You - Ou	met	te rankontre
He/She/It - Li	meets	rankontre	He's/She's/It's - L'	meeting	ap rankontre	He/She/It - Li	met	te rankontre
We - Nou	meet	rankontre	We're - N'	meeting	ap rankontre	We - Nou	met	te rankontre
You - Nou	meet	rankontre	You're - N'	meeting	ap rankontre	You - Nou	met	te rankontre
They - Yo	meet	rankontre	They're - Y'	meeting	ap rankontre	They - Yo	met	te rankontre

Past Progressive			**Future**			**Conditional Present**		
I - Mwen	was meeting	t'ap rankontre	I - Mwen	will meet	pral rankontre	I - Mwen	would meet	ta rankontre
You - Ou	were meeting	t'ap rankontre	You - Ou	will meet	pral rankontre	You - Ou	would meet	ta rankontre
He/She/It - Li	was meeting	t'ap rankontre	He/She/It - Li	will meet	pral rankontre	He/She/It - Li	would meet	ta rankontre
We - Nou	were meeting	t'ap rankontre	We - Nou	will meet	pral rankontre	We - Nou	would meet	ta rankontre
You - Nou	were meeting	t'ap rankontre	You - Nou	will meet	pral rankontre	You - Nou	would meet	ta rankontre
They - Yo	were meeting	t'ap rankontre	They - Yo	will meet	pral rankontre	They - Yo	would meet	ta rankontre

To Need - Bezwen								
Present			**Present Progressive**			**Simple Past**		
I - Mwen	need	bezwen	I'm - M'	needing	ap bezwen	I - Mwen	needed	te bezwen
You - Ou	need	bezwen	You're - W'	needing	ap bezwen	You - Ou	needed	te bezwen
He/She/It - Li	needs	bezwen	He's/She's/It's - L'	needing	ap bezwen	He/She/It - Li	needed	te bezwen
We - Nou	need	bezwen	We're - N'	needing	ap bezwen	We - Nou	needed	te bezwen
You - Nou	need	bezwen	You're - N'	needing	ap bezwen	You - Nou	needed	te bezwen
They - Yo	need	bezwen	They're - Y'	needing	ap bezwen	They - Yo	needed	te bezwen

Past Progressive			**Future**			**Conditional Present**		
I - Mwen	was needing	t'ap bezwen	I - Mwen	will need	pral bezwen	I - Mwen	would need	ta bezwen
You - Ou	were needing	t'ap bezwen	You - Ou	will need	pral bezwen	You - Ou	would need	ta bezwen
He/She/It - Li	was needing	t'ap bezwen	He/She/It - Li	will need	pral bezwen	He/She/It - Li	would need	ta bezwen
We - Nou	were needing	t'ap bezwen	We - Nou	will need	pral bezwen	We - Nou	would need	ta bezwen
You - Nou	were needing	t'ap bezwen	You - Nou	will need	pral bezwen	You - Nou	would need	ta bezwen
They - Yo	were needing	t'ap bezwen	They - Yo	will need	pral bezwen	They - Yo	would need	ta bezwen

To Notice - Remake								
Present			**Present Progressive**			**Simple Past**		
I - Mwen	notice	remake	I'm - M'	noticing	ap remake	I - Mwen	noticed	te remake
You - Ou	notice	remake	You're - W'	noticing	ap remake	You - Ou	noticed	te remake
He/She/It - Li	notices	remake	He's/She's/It's - L'	noticing	ap remake	He/She/It - Li	noticed	te remake
We - Nou	notice	remake	We're - N'	noticing	ap remake	We - Nou	noticed	te remake
You - Nou	notice	remake	You're - N'	noticing	ap remake	You - Nou	noticed	te remake
They - Yo	notice	remake	They're - Y'	noticing	ap remake	They - Yo	noticed	te remake

Past Progressive			**Future**			**Conditional Present**		
I - Mwen	was noticing	t'ap remake	I - Mwen	will notice	pral remake	I - Mwen	would notice	ta remake
You - Ou	were noticing	t'ap remake	You - Ou	will notice	pral remake	You - Ou	would notice	ta remake
He/She/It - Li	was noticing	t'ap remake	He/She/It - Li	will notice	pral remake	He/She/It - Li	would notice	ta remake
We - Nou	were noticing	t'ap remake	We - Nou	will notice	pral remake	We - Nou	would notice	ta remake
You - Nou	were noticing	t'ap remake	You - Nou	will notice	pral remake	You - Nou	would notice	ta remake
They - Yo	were noticing	t'ap remake	They - Yo	will notice	pral remake	They - Yo	would notice	ta remake

To Open - Ouvri								
Present			**Present Progressive**			**Simple Past**		
I - M'	open	ouvri	I'm - M'	opening	ap ouvri	I - Mwen	opened	te ouvri
You - W'	open	ouvri	You're - W'	opening	ap ouvri	You - Ou	opened	te ouvri
He/She/It - L'	opens	ouvri	He's/She's/It's - L'	opening	ap ouvri	He/She/It - Li	opened	te ouvri
We- N'	open	ouvri	We're - N'	opening	ap ouvri	We - Nou	opened	te ouvri
You- N'	open	ouvri	You're - N'	opening	ap ouvri	You - Nou	opened	te ouvri
They- Y'	open	ouvri	They're - Y'	opening	ap ouvri	They - Yo	opened	te ouvri

Past Progressive			Future			Conditional Present		
I - Mwen	was opening	t'ap ouvri	I - Mwen	will open	pral ouvri	I - Mwen	would open	ta ouvri
You - Ou	were opening	t'ap ouvri	You - Ou	will open	pral ouvri	You - Ou	would open	ta ouvri
He/She/It - Li	was opening	t'ap ouvri	He/She/It - Li	will open	pral ouvri	He/She/It - Li	would open	ta ouvri
We - Nou	were opening	t'ap ouvri	We - Nou	will open	pral ouvri	We - Nou	would open	ta ouvri
You - Nou	were opening	t'ap ouvri	You - Nou	will open	pral ouvri	You - Nou	would open	ta ouvri
They - Yo	were opening	t'ap ouvri	They - Yo	will open	pral ouvri	They - Yo	would open	ta ouvri

To Play - Jwe								
Present			**Present Progressive**			**Simple Past**		
I - Mwen	play	jwe	I'm - M'	playing	ap jwe	I - Mwen	played	te jwe
You - Ou	play	jwe	You're - W'	playing	ap jwe	You - Ou	played	te jwe
He/She/It - Li	plays	jwe	He's/She's/It's - L'	playing	ap jwe	He/She/It - Li	played	te jwe
We - Nou	play	jwe	We're - N'	playing	ap jwe	We - Nou	played	te jwe
You - Nou	play	jwe	You're - N'	playing	ap jwe	You - Nou	played	te jwe
They - Yo	play	jwe	They're - Y'	playing	ap jwe	They - Yo	played	te jwe

Past Progressive			**Future**			**Conditional Present**		
I - Mwen	was playing	t'ap jwe	I - Mwen	will play	pral jwe	I - Mwen	would play	ta jwe
You - Ou	were playing	t'ap jwe	You - Ou	will play	pral jwe	You - Ou	would play	ta jwe
He/She/It - Li	was playing	t'ap jwe	He/She/It - Li	will play	pral jwe	He/She/It - Li	would play	ta jwe
We - Nou	were playing	t'ap jwe	We - Nou	will play	pral jwe	We - Nou	would play	ta jwe
You - Nou	were playing	t'ap jwe	You - Nou	will play	pral jwe	You - Nou	would play	ta jwe
They - Yo	were playing	t'ap jwe	They - Yo	will play	pral jwe	They - Yo	would play	ta jwe

To Put - Mete								
Present			**Present Progressive**			**Simple Past**		
I - Mwen	put	mete	I'm - M'	putting	ap mete	I - Mwen	put	te mete
You - Ou	put	mete	You're - W'	putting	ap mete	You - Ou	put	te mete
He/She/It - Li	puts	mete	He's/She's/It's - L'	putting	ap mete	He/She/It - Li	put	te mete
We - Nou	put	mete	We're - N'	putting	ap mete	We - Nou	put	te mete
You - Nou	put	mete	You're - N'	putting	ap mete	You - Nou	put	te mete
They - Yo	put	mete	They're - Y'	putting	ap mete	They - Yo	put	te mete

Past Progressive			Future			Conditional Present		
I - Mwen	was putting	t'ap mete	I - Mwen	will put	pral mete	I - Mwen	would put	ta mete
You - Ou	were putting	t'ap mete	You - Ou	will put	pral mete	You - Ou	would put	ta mete
He/She/It - Li	was putting	t'ap mete	He/She/It - Li	will put	pral mete	He/She/It - Li	would put	ta mete
We - Nou	were putting	t'ap mete	We - Nou	will put	pral mete	We - Nou	would put	ta mete
You - Nou	were putting	t'ap mete	You - Nou	will put	pral mete	You - Nou	would put	ta mete
They - Yo	were putting	t'ap mete	They - Yo	will put	pral mete	They - Yo	would put	ta mete

To Read - Li								
Present			**Present Progressive**			**Simple Past**		
I - Mwen	read	li	I'm - M'	reading	ap li	I - Mwen	read	te li
You - Ou	read	li	You're - W'	reading	ap li	You - Ou	read	te li
He/She/It - Li	reads	li	He's/She's/It's - L'	reading	ap li	He/She/It - Li	read	te li
We - Nou	read	li	We're - N'	reading	ap li	We - Nou	read	te li
You - Nou	read	li	You're - N'	reading	ap li	You - Nou	read	te li
They - Yo	read	li	They're - Y'	reading	ap li	They - Yo	read	te li

Past Progressive			Future			Conditional Present		
I - Mwen	was reading	t'ap li	I - Mwen	will read	pral li	I - Mwen	would read	ta li
You - Ou	were reading	t'ap li	You - Ou	will read	pral li	You - Ou	would read	ta li
He/She/It - Li	was reading	t'ap li	He/She/It - Li	will read	pral li	He/She/It - Li	would read	ta li
We - Nou	were reading	t'ap li	We - Nou	will read	pral li	We - Nou	would read	ta li
You - Nou	were reading	t'ap li	You - Nou	will read	pral li	You - Nou	would read	ta li
They - Yo	were reading	t'ap li	They - Yo	will read	pral li	They - Yo	would read	ta li

To Receive - Resevwa								
Present			**Present Progressive**			**Simple Past**		
I - Mwen	receive	resevwa	I'm - M'	receiving	ap resevwa	I - Mwen	received	te resevwa
You - Ou	receive	resevwa	You're - W'	receiving	ap resevwa	You - Ou	received	te resevwa
He/She/It - Li	receives	resevwa	He's/She's/It's - L'	receiving	ap resevwa	He/She/It - Li	received	te resevwa
We - Nou	receive	resevwa	We're - N'	receiving	ap resevwa	We - Nou	received	te resevwa
You - Nou	receive	resevwa	You're - N'	receiving	ap resevwa	You - Nou	received	te resevwa
They - Yo	receive	resevwa	They're - Y'	receiving	ap resevwa	They - Yo	received	te resevwa

Past Progressive			Future			Conditional Present		
I - Mwen	was receiving	t'ap resevwa	I - Mwen	will receive	pral resevwa	I - Mwen	would receive	ta resevwa
You - Ou	were receiving	t'ap resevwa	You - Ou	will receive	pral resevwa	You - Ou	would receive	ta resevwa
He/She/It - Li	was receiving	t'ap resevwa	He/She/It - Li	will receive	pral resevwa	He/She/It - Li	would receive	ta resevwa
We - Nou	were receiving	t'ap resevwa	We - Nou	will receive	pral resevwa	We - Nou	would receive	ta resevwa
You - Nou	were receiving	t'ap resevwa	You - Nou	will receive	pral resevwa	You - Nou	would receive	ta resevwa
They - Yo	were receiving	t'ap resevwa	They - Yo	will receive	pral resevwa	They - Yo	would receive	ta resevwa

To Remember - Sonje								
Present			**Present Progressive**			**Simple Past**		
I - Mwen	remember	sonje	I'm - M'	rememberi ng	ap sonje	I - Mwen	remembere d	te sonje
You - Ou	remember	sonje	You're - W'	rememberi ng	ap sonje	You - Ou	remembere d	te sonje
He/She/It - Li	remembers	sonje	He's/She's/It's - L'	rememberi ng	ap sonje	He/She/It - Li	remembere d	te sonje
We - Nou	remember	sonje	We're - N'	rememberi ng	ap sonje	We - Nou	remembere d	te sonje
You - Nou	remember	sonje	You're - N'	rememberi ng	ap sonje	You - Nou	remembere d	te sonje
They - Yo	remember	sonje	They're - Y'	rememberi ng	ap sonje	They - Yo	remembere d	te sonje

Past Progressive			**Future**			**Conditional Present**		
I - Mwen	was remembering	T'ap sonje	I - Mwen	will remember	pral sonje	I - Mwen	would remember	ta sonje
You - Ou	were remembering	T'ap sonje	You - Ou	will remember	pral sonje	You - Ou	would remember	ta sonje
He/She/It - Li	was remembering	T'ap sonje	He/She/It - Li	will remember	pral sonje	He/She/It - Li	would remember	ta sonje
We - Nou	we remembering	T'ap sonje	We - Nou	will remember	pral sonje	We - Nou	would remember	ta sonje
You - Nou	were remembering	T'ap sonje	You - Nou	will remember	pral sonje	You - Nou	would remember	ta sonje
They - Yo	were remembering	T'ap sonje	They - Yo	will remember	pral sonje	They - Yo	would remember	ta sonje

To Repeat - Repete								
Present			**Present Progressive**			**Simple Past**		
I - Mwen	repeat	repete	I'm - M'	repeating	ap repete	I - Mwen	repeated	te repete
You - Ou	repeat	repete	You're - W'	repeating	ap repete	You - Ou	repeated	te repete
He/She/It - Li	repeats	repete	He's/She's/It's - L'	repeating	ap repete	He/She/It - Li	repeated	te repete
We - Nou	repeat	repete	We're - N'	repeating	ap repete	We - Nou	repeated	te repete
You - Nou	repeat	repete	You're - N'	repeating	ap repete	You - Nou	repeated	te repete
They - Yo	repeat	repete	They're - Y'	repeating	ap repete	They - Yo	repeated	te repete

Past Progressive			**Future**			**Conditional Present**		
I - Mwen	was repeating	t'ap repete	I - Mwen	will repeat	pral repete	I - Mwen	would repeat	ta repete
You - Ou	were repeating	t'ap repete	You - Ou	will repeat	pral repete	You - Ou	would repeat	ta repete
He/She/It - Li	was repeating	t'ap repete	He/She/It - Li	will repeat	pral repete	He/She/It - Li	would repeat	ta repete
We - Nou	were repeating	t'ap repete	We - Nou	will repeat	pral repete	We - Nou	would repeat	ta repete
You - Nou	were repeating	t'ap repete	You - Nou	will repeat	pral repete	You - Nou	would repeat	ta repete
They - Yo	were repeating	t'ap repete	They - Yo	will repeat	pral repete	They - Yo	would repeat	ta repete

To Return - Retounen								
Present			**Present Progressive**			**Simple Past**		
I - Mwen	return	retounen	I'm - M'	returnin g	ap retounen	I - Mwen	returned	te retounen
You - Ou	return	retounen	You're - W'	returnin g	ap retounen	You - Ou	returned	te retounen
He/She/It - Li	returns	retounen	He's/She's/It's - L'	returnin g	ap retounen	He/She/It - Li	returned	te retounen
We - Nou	return	retounen	We're - N'	returnin g	ap retounen	We - Nou	returned	te retounen
You - Nou	return	retounen	You're - N'	returnin g	ap retounen	You - Nou	returned	te retounen
They - Yo	return	retounen	They're - Y'	returnin g	ap retounen	They - Yo	returned	te retounen

Past Progressive			**Future**			**Conditional Present**		
I - Mwen	was returning	t'ap retounen	I - Mwen	will return	pral retounen	I - Mwen	would return	ta retounen
You - Ou	were returning	t'ap retounen	You - Ou	will return	pral retounen	You - Ou	would return	ta retounen
He/She/It - Li	was returning	t'ap retounen	He/She/It - Li	will return	pral retounen	He/She/It - Li	would return	ta retounen
We - Nou	were returning	t'ap retounen	We - Nou	will return	pral retounen	We - Nou	would return	ta retounen
You - Nou	were returning	t'ap retounen	You - Nou	will return	pral retounen	You - Nou	would return	ta retounen
They - Yo	were returning	t'ap retounen	They - Yo	will return	pral retounen	They - Yo	would return	ta retounen

To Run - Kouri								
Present			**Present Progressive**			**Simple Past**		
I - Mwen	run	kouri	I'm - M'	running	ap kouri	I - Mwen	ran	te kouri
You - Ou	run	kouri	You're - W'	running	ap kouri	You - Ou	ran	te kouri
He/She/It - Li	runs	kouri	He's/She's/It's - L'	running	ap kouri	He/She/It - Li	ran	te kouri
We - Nou	run	kouri	We're - N'	running	ap kouri	We - Nou	ran	te kouri
You - Nou	run	kouri	You're - N'	running	ap kouri	You - Nou	ran	te kouri
They - Yo	run	kouri	They're - Y'	running	ap kouri	They - Yo	ran	te kouri

Past Progressive			Future			Conditional Present		
I - Mwen	was running	t'ap kouri	I - Mwen	will run	pral kouri	I - Mwen	would run	ta kouri
You - Ou	were running	t'ap kouri	You - Ou	will run	pral kouri	You - Ou	would run	ta kouri
He/She/It - Li	was running	t'ap kouri	He/She/It - Li	will run	pral kouri	He/She/It - Li	would run	ta kouri
We - Nou	were running	t'ap kouri	We - Nou	will run	pral kouri	We - Nou	would run	ta kouri
You - Nou	were running	t'ap kouri	You - Nou	will run	pral kouri	You - Nou	would run	ta kouri
They - Yo	were running	t'ap kouri	They - Yo	will run	pral kouri	They - Yo	would run	ta kouri

To Say - Di								
Present			**Present Progressive**			**Simple Past**		
I - Mwen	say	di	I'm - M'	saying	ap di	I - Mwen	said	te di
You - Ou	say	di	You're - W'	saying	ap di	You - Ou	said	te di
He/She/It - Li	says	di	He's/She's/It's - L'	saying	ap di	He/She/It - Li	said	te di
We - Nou	say	di	We're - N'	saying	ap di	We - Nou	said	te di
You - Nou	say	di	You're - N'	saying	ap di	You - Nou	said	te di
They - Yo	say	di	They're - Y'	saying	ap di	They - Yo	said	te di

Past Progressive			Future			Conditional Present		
I - Mwen	was saying	t'ap di	I - Mwen	will say	pral di	I - Mwen	would say	ta di
You - Ou	were saying	t'ap di	You - Ou	will say	pral di	You - Ou	would say	ta di
He/She/It - Li	was saying	t'ap di	He/She/It - Li	will say	pral di	He/She/It - Li	would say	ta di
We - Nou	were saying	t'ap di	We - Nou	will say	pral di	We - Nou	would say	ta di
You - Nou	were saying	t'ap di	You - Nou	will say	pral di	You - Nou	would say	ta di
They - Yo	were saying	t'ap di	They - Yo	will say	pral di	They - Yo	would say	ta di

To Scream - Rele								
Present			**Present Progressive**			**Simple Past**		
I - Mwen	scream	rele	I'm - M'	screaming	ap rele	I - Mwen	screamed	te rele
You - Ou	scream	rele	You're - W'	screaming	ap rele	You - Ou	screamed	te rele
He/She/It - Li	screams	rele	He's/She's/It's - L'	screaming	ap rele	He/She/It - Li	screamed	te rele
We - Nou	scream	rele	We're - N'	screaming	ap rele	We - Nou	screamed	te rele
You - Nou	scream	rele	You're - N'	screaming	ap rele	You - Nou	screamed	te rele
They - Yo	scream	rele	They're - Y'	screaming	ap rele	They - Yo	screamed	te rele

Past Progressive			**Future**			**Conditional Present**		
I - Mwen	was screaming	t'ap rele	I - Mwen	will scream	pral rele	I - Mwen	would scream	ta rele
You - Ou	were screaming	t'ap rele	You - Ou	will scream	pral rele	You - Ou	would scream	ta rele
He/She/It - Li	was screaming	t'ap rele	He/She/It - Li	will scream	pral rele	He/She/It - Li	would scream	ta rele
We - Nou	were screaming	t'ap rele	We - Nou	will scream	pral rele	We - Nou	would scream	ta rele
You - Nou	were screaming	t'ap rele	You - Nou	will scream	pral rele	You - Nou	would scream	ta rele
They - Yo	were screaming	t'ap rele	They - Yo	will scream	pral rele	They - Yo	would scream	ta rele

To See - Wè								
Present			**Present Progressive**			**Simple Past**		
I - Mwen	see	wè	I'm - M'	seeing	ap wè	I - Mwen	saw	te wè
You - Ou	see	wè	You're - W'	seeing	ap wè	You - Ou	saw	te wè
He/She/It - Li	sees	wè	He's/She's/It's - L'	seeing	ap wè	He/She/It - Li	saw	te wè
We - Nou	see	wè	We're - N'	seeing	ap wè	We - Nou	saw	te wè
You - Nou	see	wè	You're - N'	seeing	ap wè	You - Nou	saw	te wè
They - Yo	see	wè	They're - Y'	seeing	ap wè	They - Yo	saw	te wè

Past Progressive			**Future**			**Conditional Present**		
I - Mwen	was seeing	t'ap wè	I - Mwen	will see	pral wè	I - Mwen	would see	ta wè
You - Ou	were seeing	t'ap wè	You - Ou	will see	pral wè	You - Ou	would see	ta wè
He/She/It - Li	was seeing	t'ap wè	He/She/It - Li	will see	pral wè	He/She/It - Li	would see	ta wè
We - Nou	were seeing	t'ap wè	We - Nou	will see	pral wè	We - Nou	would see	ta wè
You - Nou	were seeing	t'ap wè	You - Nou	will see	pral wè	You - Nou	would see	ta wè
They - Yo	were seeing	t'ap wè	They - Yo	will see	pral wè	They - Yo	would see	ta wè

To Seem - Sanble								
Present			**Present Progressive**			**Simple Past**		
I - Mwen	seem	sanble	I'm - M'	seeming	ap sanble	I - Mwen	seemed	te sanble
You - Ou	seem	sanble	You're - W'	seeming	ap sanble	You - Ou	seemed	te sanble
He/She/It - Li	seems	sanble	He's/She's/It's/It's - L'	seeming	ap sanble	He/She/It - Li	seemed	te sanble
We - Nou	seem	sanble	We're - N'	seeming	ap sanble	We - Nou	seemed	te sanble
You - Nou	seem	sanble	You're - N'	seeming	ap sanble	You - Nou	seemed	te sanble
They - Yo	seem	sanble	They're - Y'	seeming	ap sanble	They - Yo	seemed	te sanble

Past Progressive			**Future**			**Conditional Present**		
I - Mwen	was seeming	t'ap sanble	I - Mwen	will seem	pral sanble	I - Mwen	would seem	ta sanble
You - Ou	were seeming	t'ap sanble	You - Ou	will seem	pral sanble	You - Ou	would seem	ta sanble
He/She/It - Li	was seeming	t'ap sanble	He/She/It - Li	will seem	pral sanble	He/She/It - Li	would seem	ta sanble
We - Nou	were seeming	t'ap sanble	We - Nou	will seem	pral sanble	We - Nou	would seem	ta sanble
You - Nou	were seeming	t'ap sanble	You - Nou	will seem	pral sanble	You - Nou	would seem	ta sanble
They - Yo	were seeming	t'ap sanble	They - Yo	will seem	pral sanble	They - Yo	would seem	ta sanble

To Sell - Vann								
Present			**Present Progressive**			**Simple Past**		
I - Mwen	sell	vann	I'm - M'	selling	ap vann	I - Mwen	sold	te vann
You - Ou	sell	vann	You're - W'	selling	ap vann	You - Ou	sold	te vann
He/She/It - Li	sells	vann	He's/She's/It's - L'	selling	ap vann	He/She/It - Li	sold	te vann
We - Nou	sell	vann	We're - N'	selling	ap vann	We - Nou	sold	te vann
You - Nou	sell	vann	You're - N'	selling	ap vann	You - Nou Ou	sold	te vann
They - Yo	sell	vann	They're - Y'	selling	ap vann	They - Yo	sold	te vann

Past Progressive			**Future**			**Conditional Present**		
I - Mwen	was selling	ap vann	I - Mwen	will sell	pral vann	I - Mwen	would sell	ta vann
You - Ou	were selling	ap vann	You - Ou	will sell	pral vann	You - Ou	would sell	ta vann
He/She/It - Li	was selling	ap vann	He/She/It - Li	will sell	pral vann	He/She/It - Li	would sell	ta vann
We - Nou	were selling	ap vann	We - Nou	will sell	pral vann	We - Nou	would sell	ta vann
You - Nou	were selling	ap vann	You - Nou	will sell	pral vann	You - Nou	would sell	ta vann
They - Yo	were selling	ap vann	They - Yo	will sell	pral vann	They - Yo	would sell	ta vann

To Send - Voye								
Present			**Present Progressive**			**Simple Past**		
I - Mwen	send	voye	I'm - M'	sending	ap voye	I - Mwen	sent	te voye
You - Ou	send	voye	You're - W'	sending	ap voye	You - Ou	sent	te voye
He/She/It - Li	sends	voye	He's/She's/It's - L'	sending	ap voye	He/She/It - Li	sent	te voye
We - Nou	send	voye	We're - N'	sending	ap voye	We - Nou	sent	te voye
You - Nou	send	voye	You're - N'	sending	ap voye	You - Nou	sent	te voye
They - Yo	send	voye	They're - Y'	sending	ap voye	They - Yo	sent	te voye

Past Progressive			Future			Conditional Present		
I - Mwen	was sending	t'ap voye	I - Mwen	will send	pral voye	I - Mwen	would send	ta voye
You - Ou	were sending	t'ap voye	You - Ou	will send	pral voye	You - Ou	would send	ta voye
He/She/It - Li	was sending	t'ap voye	He/She/It - Li	will send	pral voye	He/She/It - Li	would send	ta voye
We - Nou	were sending	t'ap voye	We - Nou	will send	pral voye	We - Nou	would send	ta voye
You - Nou	were sending	t'ap voye	You - Nou	will send	pral voye	You - Nou	would send	ta voye
They - Yo	were sending	t'ap voye	They - Yo	will send	pral voye	They - Yo	would send	ta voye

To Show - Montre								
Present			**Present Progressive**			**Simple Past**		
I - Mwen	show	montre	I'm - M'	showing	ap montre	I - Mwen	showed	te montre
You - Ou	show	montre	You're - W'	showing	ap montre	You - Ou	showed	te montre
He/She/It - Li	shows	montre	He's/She's/It's - L'	showing	ap montre	He/She/It - Li	showed	te montre
We - Nou	show	montre	We're - N'	showing	ap montre	We - Nou	showed	te montre
You - Nou	show	montre	You're - N'	showing	ap montre	You - Nou	showed	te montre
They - Yo	show	montre	They're - Y'	showing	ap montre	They - Yo	showed	te montre

Past Progressive			**Future**			**Conditional Present**		
I - Mwen	was showing	t'ap montre	I - Mwen	will show	pral montre	I - Mwen	would show	ta montre
You - Ou	were showing	t'ap montre	You - Ou	will show	pral montre	You - Ou	would show	ta montre
He/She/It - Li	was showing	t'ap montre	He/She/It - Li	will show	pral montre	He/She/It - Li	would show	ta montre
We - Nou	were showing	t'ap montre	We - Nou	will show	pral montre	We - Nou	would show	ta montre
You - Nou	were showing	t'ap montre	You - Nou	will show	pral montre	You - Nou	would show	ta montre
They - Yo	were showing	t'ap montre	They - Yo	will show	pral montre	They - Yo	would show	ta montre

To Sing - Chante								
Present			**Present Progressive**			**Simple Past**		
I - Mwen	sing	chante	I'm - M'	singing	ap chante	I - Mwen	sang	te chante
You - Ou	sing	chante	You're - W'	singing	ap chante	You - Ou	sang	te chante
He/She/It - Li	sings	chante	He's/She's/It's - L'	singing	ap chante	He/She/It - Li	sang	te chante
We - Nou	sing	chante	We're - N'	singing	ap chante	We - Nou	sang	te chante
You - Nou	sing	chante	You're - N'	singing	ap chante	You - Nou	sang	te chante
They - Yo	sing	chante	They're - Y'	singing	ap chante	They - Yo	sang	te chante

Past Progressive			**Future**			**Conditional Present**		
I - Mwen	was singing	t'ap chante	I - Mwen	will sing	pral chante	I - Mwen	would sing	ta chante
You - Ou	were singing	t'ap chante	You - Ou	will sing	pral chante	You - Ou	would sing	ta chante
He/She/It - Li	was singing	t'ap chante	He/She/It - Li	will sing	pral chante	He/She/It - Li	would sing	ta chante
We - Nou	were singing	t'ap chante	We - Nou	will sing	pral chante	We - Nou	would sing	ta chante
You - Nou	were singing	t'ap chante	You - Nou	will sing	pral chante	You - Nou	would sing	ta chante
They - Yo	were singing	t'ap chante	They - Yo	will sing	pral chante	They - Yo	would sing	ta chante

To Sit Down - Chita								
Present			**Present Progressive**			**Simple Past**		
I - Mwen	sit down	chita	I'm - M'	sitting down	ap chita	I - Mwen	sat down	te chita
You - Ou	sit down	chita	You're - W'	sitting down	ap chita	You - Ou	sat down	te chita
He/She/It - Li	sits down	chita	He's/She's/It's - L'	sitting down	ap chita	He/She/It - Li	sat down	te chita
We - Nou	sit down	chita	We're - N'	sitting down	ap chita	We - Nou	sat down	te chita
You - Nou	sit down	chita	You're - N'	sitting down	ap chita	You - Nou	sat down	te chita
They - Yo	sit down	chita	They're - Y'	sitting down	ap chita	They - Yo	sat down	te chita

Past Progressive			**Future**			**Conditional Present**		
I - Mwen	was sitting down	t'ap chita	I - Mwen	will sit	pral chita	I - Mwen	would sit	ta chita
You - Ou	were sitting down	t'ap chita	You - Ou	will sit	pral chita	You - Ou	would sit	ta chita
He/She/It - Li	was sitting down	t'ap chita	He/She/It - Li	will sit	pral chita	He/She/It - Li	would sit	ta chita
We - Nou	were sitting down	t'ap chita	We - Nou	will sit	pral chita	We - Nou	would sit	ta chita
You - Nou	were sitting down	t'ap chita	You - Nou	will sit	pral chita	You - Nou	would sit	ta chita
They - Yo	were sitting down	t'ap chita	They - Yo	will sit	pral chita	They - Yo	would sit	ta chita

To Sleep - Dòmi								
Present			**Present Progressive**			**Simple Past**		
I - Mwen	sleep	dòmi	I'm - M'	sleeping	ap dòmi	I - Mwen	slept	te dòmi
You - Ou	sleep	dòmi	You're - W'	sleeping	ap dòmi	You - Ou	slept	te dòmi
He/She/It - Li	sleeps	dòmi	He's/She's/It's - L'	sleeping	ap dòmi	He/She/It - Li	slept	te dòmi
We - Nou	sleep	dòmi	We're - N'	sleeping	ap dòmi	We - Nou	slept	te dòmi
You - Nou	sleep	dòmi	You're - N'	sleeping	ap dòmi	You - Nou	slept	te dòmi
They - Yo	sleep	dòmi	They're - Y'	sleeping	ap dòmi	They - Yo	slept	te dòmi

Past Progressive			**Future**			**Conditional Present**		
I - Mwen	was sleeping	t'ap dòmi	I - Mwen	will sleep	pral dòmi	I - Mwen	would sleep	ta dòmi
You - Ou	were sleeping	t'ap dòmi	You - Ou	will sleep	pral dòmi	You - Ou	would sleep	ta dòmi
He/She/It - Li	was sleeping	t'ap dòmi	He/She/It - Li	will sleep	pral dòmi	He/She/It - Li	would sleep	ta dòmi
We - Nou	were sleeping	t'ap dòmi	We - Nou	will sleep	pral dòmi	We - Nou	would sleep	ta dòmi
You - Nou	were sleeping	t'ap dòmi	You - Nou	will sleep	pral dòmi	You - Nou	would sleep	ta dòmi
They - Yo	were sleeping	t'ap dòmi	They - Yo	will sleep	pral dòmi	They - Yo	would sleep	ta dòmi

To Smile - Souri								
Present			**Present Progressive**			**Simple Past**		
I - Mwen	smile	souri	I'm - M'	smiling	ap souri	I - Mwen	smiled	te souri
You - Ou	smile	souri	You're - W'	smiling	ap souri	You - Ou	smiled	te souri
He/She/It - Li	smiles	souri	He's/She's/It's - L'	smiling	ap souri	He/She/It - Li	smiled	te souri
We - Nou	smile	souri	We're - N'	smiling	ap souri	We - Nou	smiled	te souri
You - Nou	smile	souri	You're - N'	smiling	ap souri	You - Nou	smiled	te souri
They - Yo	smile	souri	They're - Y'	smiling	ap souri	They - Yo	smiled	te souri

Past Progressive			**Future**			**Conditional Present**		
I - Mwen	was smiling	t'ap souri	I - Mwen	will smile	pral souri	I - Mwen	would smile	ta souri
You - Ou	were smiling	t'ap souri	You - Ou	will smile	pral souri	You - Ou	would smile	ta souri
He/She/It - Li	was smiling	t'ap souri	He/She/It - Li	will smile	pral souri	He/She/It - Li	would smile	ta souri
We - Nou	were smiling	t'ap souri	We - Nou	will smile	pral souri	We - Nou	would smile	ta souri
You - Nou	were smiling	t'ap souri	You - Nou	will smile	pral souri	You - Nou	would smile	ta souri
They - Yo	were smiling	t'ap souri	They - Yo	will smile	pral souri	They - Yo	would smile	ta souri

To Speak - Pale								
Present			**Present Progressive**			**Simple Past**		
I - Mwen	speak	pale	I'm - M'	speaking	ap pale	I - Mwen	spoke	te pale
You - Ou	speak	pale	You're - W'	speaking	ap pale	You - Ou	spoke	te pale
He/She/It - Li	speaks	pale	He's/She's/It's - L'	speaking	ap pale	He/She/It - Li	spoke	te pale
We - Nou	speak	pale	We're - N'	speaking	ap pale	We - Nou	spoke	te pale
You - Nou	speak	pale	You're - N'	speaking	ap pale	You - Nou	spoke	te pale
They - Yo	speak	pale	They're - Y'	speaking	ap pale	They - Yo	spoke	te pale

Past Progressive			**Future**			**Conditional Present**		
I - Mwen	was speaking	t'ap pale	I - Mwen	will speak	pral pale	I - Mwen	would speak	ta pale
You - Ou	were speaking	t'ap pale	You - Ou	will speak	pral pale	You - Ou	would speak	ta pale
He/She/It - Li	was speaking	t'ap pale	He/She/It - Li	will speak	pral pale	He/She/It - Li	would speak	ta pale
We - Nou	were speaking	t'ap pale	We - Nou	will speak	pral pale	We - Nou	would speak	ta pale
You - Nou	were speaking	t'ap pale	You - Ou	will speak	pral pale	You - Nou	would speak	ta pale
They - Yo	were speaking	t'ap pale	They - Yo	will speak	pral pale	They - Yo	would speak	ta pale

To Stand - Kanpe								
Present			**Present Progressive**			**Simple Past**		
I - Mwen	stand	kanpe	I'm - M'	standing	ap kanpe	I - Mwen	stood	te kanpe
You - Ou	stand	kanpe	You're - W'	standing	ap kanpe	You - Ou	stood	te kanpe
He/She/It - Li	stands	kanpe	He's/She's/It's - L'	standing	ap kanpe	He/She/It - Li	stood	te kanpe
We - Nou	stand	kanpe	We're - N'	standing	ap kanpe	We - Nou	stood	te kanpe
You - Nou	stand	kanpe	You're - N'	standing	ap kanpe	You - Nou	stood	te kanpe
They - Yo	stand	kanpe	They're - Y'	standing	ap kanpe	They - Yo	stood	te kanpe

Past Progressive			Future			Conditional Present		
I - Mwen	was standing	t'ap kanpe	I - Mwen	will stand	pral kanpe	I - Mwen	would stand	ta kanpe
You - Ou	were standing	t'ap kanpe	You - Ou	will stand	pral kanpe	You - Ou	would stand	ta kanpe
He/She/It - Li	was standing	t'ap kanpe	He/She/It - Li	will stand	pral kanpe	He/She/It - Li	would stand	ta kanpe
We - Nou	were standing	t'ap kanpe	We - Nou	will stand	pral kanpe	We - Nou	would stand	ta kanpe
You - Nou	were standing	t'ap kanpe	You - Nou	will stand	pral kanpe	You - Nou	would stand	ta kanpe
They - Yo	were standing	t'ap kanpe	They - Yo	will stand	pral kanpe	They - Yo	would stand	ta kanpe

To Start - Kòmanse								
Present			**Present Progressive**			**Simple Past**		
I - Mwen	start	kòmanse	I'm - M'	starting	ap kòmanse	I - Mwen	started	te kòmanse
You - Ou	start	kòmanse	You're - W'	starting	ap kòmanse	You - Ou	started	te kòmanse
He/She/It - Li	starts	kòmanse	He's/She's/It's - L'	starting	ap kòmanse	He/She/It - Li	started	te kòmanse
We - Nou	start	kòmanse	We're - N'	starting	ap kòmanse	We - Nou	started	te kòmanse
You - Nou	start	kòmanse	You're - N'	starting	ap kòmanse	You - Nou	started	te kòmanse
They - Yo	start	kòmanse	They're - Y'	starting	ap kòmanse	They - Yo	started	te kòmanse

Past Progressive			**Future**			**Conditional Present**		
I - Mwen	was starting	t'ap kòmanse	I - Mwen	will start	pral kòmanse	I - Mwen	would start	ta kòmanse
You - Ou	were starting	t'ap kòmanse	You - Ou	will start	pral kòmanse	You - Ou	would start	ta kòmanse
He/She/It - Li	was starting	t'ap kòmanse	He/She/It - Li	will start	pral kòmanse	He/She/It - Li	would start	ta kòmanse
We - Nou	were starting	t'ap kòmanse	We - Nou	will start	pral kòmanse	We - Nou	would start	ta kòmanse
You - Nou	were starting	t'ap kòmanse	You - Nou	will start	pral kòmanse	You - Nou	would start	ta kòmanse
They - Yo	were starting	t'ap kòmanse	They - Yo	will start	pral kòmanse	They - Yo	would start	ta kòmanse

To Stay - Rete								
Present			**Present Progressive**			**Simple Past**		
I - Mwen	stay	rete	I'm - M'	staying	ap rete	I - Mwen	stayed	te rete
You - Ou	stay	rete	You're - W'	staying	ap rete	You - Ou	stayed	te rete
He/She/It - Li	stays	rete	He's/She's/It's - L'	staying	ap rete	He/She/It - Li	stayed	te rete
We - Nou	stay	rete	We're - N'	staying	ap rete	We - Nou	stayed	te rete
You - Nou	stay	rete	You're - N'	staying	ap rete	You - Nou	stayed	te rete
They - Yo	stay	rete	They're - Y'	staying	ap rete	They - Yo	stayed	te rete

Past Progressive			**Future**			**Conditional Present**		
I - Mwen	was staying	t'ap rete	I - Mwen	will stay	pral rete	I - Mwen	would stay	ta rete
You - Ou	were staying	t'ap rete	You - Ou	will stay	pral rete	You - Ou	would stay	ta rete
He/She/It - Li	was staying	t'ap rete	He/She/It - Li	will stay	pral rete	He/She/It - LI	would stay	ta rete
We - Nou	were staying	t'ap rete	We - Nou	will stay	pral rete	We - Nou	would stay	ta rete
You - Nou	were staying	t'ap rete	You - Nou	will stay	pral rete	You - Nou	would stay	ta rete
They - Yo	were staying	t'ap rete	They - Yo	will stay	pral rete	They - Yo	would stay	ta rete

To Take - Pran								
Present			**Present Progressive**			**Simple Past**		
I - Mwen	take	pran	I'm - M'	taking	ap pran	I - Mwen	took	te pran
You - Ou	take	pran	You're - W'	taking	ap pran	You - Ou	took	te pran
He/She/It - Li	takes	pran	He's/She's/It's - L'	taking	ap pran	He/She/It - Li	took	te pran
We - Nou	take	pran	We're - N'	taking	ap pran	We - Nou	took	te pran
You - Nou	take	pran	You're - N'	taking	ap pran	You - Nou	took	te pran
They - Yo	take	pran	They're - Y'	taking	ap pran	They - Yo	took	te pran

Past Progressive			**Future**			**Conditional Present**		
I - Mwen	was taking	t'ap pran	I - Mwen	will take	pral pran	I - Mwen	would take	ta pran
You - Ou	were taking	t'ap pran	You - Ou	will take	pral pran	You - Ou	would take	ta pran
He/She/It - Li	was taking	t'ap pran	He/She/It - Li	will take	pral pran	He/She/It - Li	would take	ta pran
We - Nou	were taking	t'ap pran	We - Nou	will take	pral pran	We - Nou	would take	ta pran
You - Nou	were taking	t'ap pran	You - Nou	will take	pral pran	You - Nou	would take	ta pran
They - Yo	were taking	t'ap pran	They - Yo	will take	pral pran	They - Yo	would take	ta pran

To Talk - Pale								
Present			**Present Progressive**			**Simple Past**		
I - Mwen	talk	pale	I'm - M'	talking	ap pale	I - Mwen	talked	te pale
You - Ou	talk	pale	You're - W'	talking	ap pale	You - Ou	talked	te pale
He/She/It - Li	talks	pale	He's/She's/It's - L'	talking	ap pale	He/She/It - Li	talked	te pale
We - Nou	talk	pale	We're - N'	talking	ap pale	We - Nou	talked	te pale
You - Nou	talk	pale	You're - N'	talking	ap pale	You - Nou	talked	te pale
They - Yo	talk	pale	They're - Y'	talking	ap pale	They - Yo	talked	te pale

Past Progressive			**Future**			**Conditional Present**		
I - Mwen	was talking	t'ap pale	I - Mwen	will talk	pral pale	I - Mwen	would talk	ta pale
You - Ou	were talking	t'ap pale	You - Ou	will talk	pral pale	You - Ou	would talk	ta pale
He/She/It - Li	was talking	t'ap pale	He/She/It - Li	will talk	pral pale	He/She/It - Li	would talk	ta pale
We - Nou	were talking	t'ap pale	We - Nou	will talk	pral pale	We - Nou	would talk	ta pale
You - Nou	were talking	t'ap pale	You - Nou	will talk	pral pale	You - Nou	would talk	ta pale
They - Yo	were talking	t'ap pale	They - Yo	will talk	pral pale	They - Yo	would talk	ta pale

To Teach - Anseye								
Present			**Present Progressive**			**Simple Past**		
I - M'	teach	anseye	I'm - M'	teaching	ap anseye	I - Mwen	taught	te anseye
You - W'	teach	anseye	You're - W'	teaching	ap anseye	You - Ou	taught	te anseye
He/She/It - L'	teaches	anseye	He's/She's/It's - L'	teaching	ap anseye	He/She/It - Li	taught	te anseye
We- N'	teach	anseye	We're - N'	teaching	ap anseye	We - Nou	taught	te anseye
You- N'	teach	anseye	You're - N'	teaching	ap anseye	You - Nou	taught	te anseye
They- Y'	teach	anseye	They're - Y'	teaching	ap anseye	They - Yo	taught	te anseye

Past Progressive			**Future**			**Conditional Present**		
I - Mwen	was teaching	t'ap anseye	I - Mwen	will teach	pral anseye	I - Mwen	would teach	ta anseye
You - Ou	were teaching	t'ap anseye	You - Ou	will teach	pral anseye	You - Ou	would teach	ta anseye
He/She/It - Li	was teaching	t'ap anseye	He/She/It - Li	will teach	pral anseye	He/She/It - Li	would teach	ta anseye
We - Nou	were teaching	t'ap anseye	We - Nou	will teach	pral anseye	We - Nou	would teach	ta anseye
You - Nou	were teaching	t'ap anseye	You - Nou	will teach	pral anseye	You - Nou	would teach	ta anseye
They - Yo	were teaching	t'ap anseye	They - Yo	will teach	pral anseye	They - Yo	would teach	ta anseye

To Think - Reflechi								
Present			**Present Progressive**			**Simple Past**		
I - Mwen	think	reflechi	I'm - M'	thinking	ap reflechi	I - Mwen	thought	te reflechi
You - Ou	think	reflechi	You're - W'	thinking	ap reflechi	You - Ou	thought	te reflechi
He/She/It - Li	thinks	reflechi	He's/She's/It's - L'	thinking	ap reflechi	He/She/It - Li	thought	te reflechi
We - Nou	think	reflechi	We're - N'	thinking	ap reflechi	We - Nou	thought	te reflechi
You - Nou	think	reflechi	You're - N'	thinking	ap reflechi	You - Nou	thought	te reflechi
They - Yo	think	reflechi	They're - Y'	thinking	ap reflechi	They - Yo	thought	te reflechi

Past Progressive			**Future**			**Conditional Present**		
I - Mwen	was thinking	t'ap reflechi	I - Mwen	will think	pral reflechi	I - Mwen	would think	ta reflechi
You - Ou	were thinking	t'ap reflechi	You - Ou	will think	pral reflechi	You - Ou	would think	ta reflechi
He/She/It - Li	was thinking	t'ap reflechi	He/She/It - Li	will think	pral reflechi	He/She/It - Li	would think	ta reflechi
We - Nou	were thinking	t'ap reflechi	We - Nou	will think	pral reflechi	We - Nou	would think	ta reflechi
You - Nou	were thinking	t'ap reflechi	You - Nou	will think	pral reflechi	You - Nou	would think	ta reflechi
They - Yo	were thinking	t'ap reflechi	They - Yo	will think	pral reflechi	They - Yo	would think	ta reflechi

To Touch - Touche								
Present			**Present Progressive**			**Simple Past**		
I - Mwen	touch	touche	I'm - M'	touching	ap touche	I - Mwen	touched	te touche
You - Ou	touch	touche	You're - W'	touching	ap touche	You - Ou	touched	te touche
He/She/It - Li	touches	touche	He's/She's/It's - L'	touching	ap touche	He/She/It - Li	touched	te touche
We - Nou	touch	touche	We're - N'	touching	ap touche	We - Nou	touched	te touche
You - Nou	touch	touche	You're - N'	touching	ap touche	You - Nou	touched	te touche
They - Yo	touch	touche	They're - Y'	touching	ap touche	They - Yo	touched	te touche

Past Progressive			**Future**			**Conditional Present**		
I - Mwen	was touching	t'ap touche	I - Mwen	will touch	pral touche	I - Mwen	would touch	ta touche
You - Ou	were touching	t'ap touche	You - Ou	will touch	pral touche	You - Ou	would touch	ta touche
He/She/It - Li	was touching	t'ap touche	He/She/It - Li	will touch	pral touche	He/She/It - Li	would touch	ta touche
We - Nou	were touching	t'ap touche	We - Nou	will touch	pral touche	We - Nou	would touch	ta touche
You - Nou	were touching	t'ap touche	You - Nou	will touch	pral touche	You - Nou	would touch	ta touche
They - Yo	were touching	t'ap touche	They - Yo	will touch	pral touche	They - Yo	would touch	ta touche

To Travel - Voyaje								
Present			**Present Progressive**			**Simple Past**		
I - Mwen	travel	voyaje	I'm - M'	travelling	ap voyaje	I - Mwen	travelled	te voyaje
You - Ou	travel	voyaje	You're - W'	travelling	ap voyaje	You - Ou	travelled	te voyaje
He/She/It - Li	travels	voyaje	He's/She's/It's - L'	travelling	ap voyaje	He/She/It - Li	travelled	te voyaje
We - Nou	travel	voyaje	We're - N'	travelling	ap voyaje	We - Nou	travelled	te voyaje
You - Nou	travel	voyaje	You're - N'	travelling	ap voyaje	You - Nou	travelled	te voyaje
They - Yo	travel	voyaje	They're - Y'	travelling	ap voyaje	They - Yo	travelled	te voyaje

Past Progressive			**Future**			**Conditional Present**		
I - Mwen	was travelling	t'ap voyaje	I - Mwen	will travel	pral voyaje	I - Mwen	would travel	ta voyaje
You - Ou	were travelling	t'ap voyaje	You - Ou	will travel	pral voyaje	You - Ou	would travel	ta voyaje
He/She/It - Li	was travelling	t'ap voyaje	He/She/It - Li	will travel	pral voyaje	He/She/It - Li	would travel	ta voyaje
We - Nou	were travelling	t'ap voyaje	We - Nou	will travel	pral voyaje	We - Nou	would travel	ta voyaje
You - Nou	were travelling	t'ap voyaje	You - Nou	will travel	pral voyaje	You - Nou	would travel	ta voyaje
They - Yo	were travelling	t'ap voyaje	They - Yo	will travel	pral voyaje	They - Yo	would travel	ta voyaje

To Understand - Konprann								
Present			**Present Progressive**			**Simple Past**		
I - Mwen	understand	konprann	I'm - M'	understandi ng	ap konprann	I - Mwen	understo od	te konprann
You - Ou	understand	konprann	You're - W'	understandi ng	ap konprann	You - Ou	understo od	te konprann
He/She/It - Li	understands	konprann	He's/She's/It's - L'	understandi ng	ap konprann	He/She/It - Li	understo od	te konprann
We - Nou	understand	konprann	We're - N'	understandi ng	ap konprann	We - Nou	understo od	te konprann
You - Nou	understand	konprann	You're - N'	understandi ng	ap konprann	You - Nou	understo od	te konprann
They - Yo	understand	konprann	They're - Y'	understandi ng	ap konprann	They - Yo	understo od	te konprann

Past Progressive			**Future**			**Conditional Present**		
I - Mwen	was understanding	t'ap konprann	I - Mwen	will understand	pral konprann	I - Mwen	would understand	ta konprann
You - Ou	were understanding	t'ap konprann	You - Ou	will understand	pral konprann	You - Ou	would understand	ta konprann
He/She/It - Li	was understanding	t'ap konprann	He/She/It - Li	will understand	pral konprann	He/She/It - Li	would understand	ta konprann
We - Nou	were understanding	t'ap konprann	We - Nou	will understand	pral konprann	We - Nou	would understand	ta konprann
You - Nou	were understanding	t'ap konprann	You - Nou	will understand	pral konprann	You - Nou	would understand	ta konprann
They - Yo	were understanding	t'ap konprann	They - Yo	will understand	pral konprann	They - Yo	would understand	ta konprann

To Use - Itilize								
Present			**Present Progressive**			**Simple Past**		
I - M'	use	itilize	I'm - M'	using	ap itilize	I - Mwen	used	te itilize
You - W'	use	itilize	You're - W'	using	ap itilize	You - Ou	used	te itilize
He/She/It - L'	uses	itilize	He's/She's/It's - L'	using	ap itilize	He/She/It - Li	used	te itilize
We- N'	use	itilize	We're - N'	using	ap itilize	We - Nou	used	te itilize
You- N'	use	itilize	You're - N'	using	ap itilize	You - Nou	used	te itilize
They- Y'	use	itilize	They're - Y'	using	ap itilize	They - Yo	used	te itilize

Past Progressive			**Future**			**Conditional Present**		
I - Mwen	was using	t'ap itilize	I - Mwen	will use	pral itilize	I - Mwen	would use	ta itilize
You - Ou	were using	t'ap itilize	You - Ou	will use	pral itilize	You - Ou	would use	ta itilize
He/She/It - Li	was using	t'ap itilize	He/She/It - Li	will use	pral itilize	He/She/It - Li	would use	ta itilize
We - Nou	were using	t'ap itilize	We - Nou	will use	pral itilize	We - Nou	would use	ta itilize
You - Nou	were using	t'ap itilize	You - Nou	will use	pral itilize	You - Nou	would use	ta itilize
They - Yo	were using	t'ap itilize	They - Yo	will use	pral itilize	They - Yo	would use	ta itilize

To Wait - Tann								
Present			**Present Progressive**			**Simple Past**		
I - Mwen	wait	tann	I'm - M'	waiting	ap tann	I - Mwen	waited	te tann
You - Ou	wait	tann	You're - W'	waiting	ap tann	You - Ou	waited	te tann
He/She/It - Li	waits	tann	He's/She's/It's - L'	waiting	ap tann	He/She/It - Li	waited	te tann
We - Nou	wait	tann	We're - N'	waiting	ap tann	We - Nou	waited	te tann
You - Nou	wait	tann	You're - N'	waiting	ap tann	You - Nou	waited	te tann
They - Yo	wait	tann	They're - Y'	waiting	ap tann	They - Yo	waited	te tann

Past Progressive			**Future**			**Conditional Present**		
I - Mwen	was waiting	t'ap tann	I - Mwen	will wait	pral tann	I - Mwen	would wait	ta tann
You - Ou	were waiting	t'ap tann	You - Ou	will wait	pral tann	You - Ou	would wait	ta tann
He/She/It - Li	was waiting	t'ap tann	He/She/It - Li	will wait	pral tann	He/She/It - Li	would wait	ta tann
We - Nou	were waiting	t'ap tann	We - Nou	will wait	pral tann	We - Nou	would wait	ta tann
You - Nou	were waiting	t'ap tann	You - Nou	will wait	pral tann	You - Nou	would wait	ta tann
They - Yo	were waiting	t'ap tann	They - Yo	will wait	pral tann	They - Yo	would wait	ta tann

To Walk - Mache								
Present			**Present Progressive**			**Simple Past**		
I - Mwen	walk	mache	I'm - M'	walking	ap mache	I - Mwen	walked	te mache
You - Ou	walk	mache	You're - W'	walking	ap mache	You - Ou	walked	te mache
He/She/It - Li	walks	mache	He's/She's/It's - L'	walking	ap mache	He/She/It - Li	walked	te mache
We - Nou	walk	mache	We're - N'	walking	ap mache	We - Nou	walked	te mache
You - Nou	walk	mache	You're - N'	walking	ap mache	You - Nou	walked	te mache
They - Yo	walk	mache	They're - Y'	walking	ap mache	They - Yo	walked	te mache

Past Progressive			**Future**			**Conditional Present**		
I - Mwen	was walking	t'ap mache	I - Mwen	will walk	pral mache	I - Mwen	would walk	ta mache
You - Ou	were walking	t'ap mache	You - Ou	will walk	pral mache	You - Ou	would walk	ta mache
He/She/It - Li	was walking	t'ap mache	He/She/It - Li	will walk	pral mache	He/She/It - Li	would walk	ta mache
We - Nou	were walking	t'ap mache	We - Nou	will walk	pral mache	We - Nou	would walk	ta mache
You - Nou	were walking	t'ap mache	You - Nou	will walk	pral mache	You - Nou	would walk	ta mache
They - Yo	were walking	t'ap mache	They - Yo	will walk	pral mache	They - Yo	would walk	ta mache

To Want - Vle								
Present			**Present Progressive**			**Simple Past**		
I - Mwen	want	vle	I'm - M'	wanting	ap vle	I - Mwen	wanted	te vle
You - Ou	want	vle	You're - W'	wanting	ap vle	You - Ou	wanted	te vle
He/She/It - Li	wants	vle	He's/She's/It's - L'	wanting	ap vle	He/She/It - Li	wanted	te vle
We - Nou	want	vle	We're - N'	wanting	ap vle	We - Nou	wanted	te vle
You – Nou	want	vle	You're - N'	wanting	ap vle	You - Nou	wanted	te vle
They - Yo	want	vle	They're - Y'	wanting	ap vle	They - Yo	wanted	te vle

Past Progressive			Future			Conditional Present		
I - Mwen	was wanting	t'ap vle	I - Mwen	will want	pral vle	I - Mwen	would want	ta vle
You - Ou	were wanting	t'ap vle	You - Ou	will want	pral vle	You - Ou	would want	ta vle
He/She/It - Li	was wanting	t'ap vle	He/She/It - Li	will want	pral vle	He/She/It - Li	would want	ta vle
We - Nou	were wanting	t'ap vle	We - Nou	will want	pral vle	We - Nou	would want	ta vle
You - Nou	were wanting	t'ap vle	You - Nou	will want	pral vle	You - Nou	would want	ta vle
They - Yo	were wanting	t'ap vle	They - Yo	will want	pral vle	They - Yo	would want	ta vle

To Watch - Gade								
Present			**Present Progressive**			**Simple Past**		
I - Mwen	watch	gade	I'm - M'	watching	ap gade	I - Mwen	watched	te gade
You - Ou	watch	gade	You're - W'	watching	ap gade	You - Ou	watched	te gade
He/She/It - Li	watches	gade	He's/She's/It's - L'	watching	ap gade	He/She/It - Li	watched	te gade
We - Nou	watch	gade	We're - N'	watching	ap gade	We - Nou	watched	te gade
You - Nou	watch	gade	You're - N'	watching	ap gade	You - Nou	watched	te gade
They - Yo	watch	gade	They're - Y'	watching	ap gade	They - Yo	watched	te gade

Past Progressive			**Future**			**Conditional Present**		
I - Mwen	was watching	t'ap gade	I - Mwen	will watch	pral gade	I - Mwen	would watch	ta gade
You - Ou	were watching	t'ap gade	You - Ou	will watch	pral gade	You - Ou	would watch	ta gade
He/She/It - Li	was watching	t'ap gade	He/She/It - Li	will watch	pral gade	He/She/It - Li	would watch	ta gade
We - Nou	were watching	t'ap gade	We - Nou	will watch	pral gade	We - Nou	would watch	ta gade
You - Nou	were watching	t'ap gade	You - Nou	will watch	pral gade	You - Nou	would watch	ta gade
They - Yo	were watching	t'ap gade	They - Yo	will watch	pral gade	They - Yo	would watch	ta gade

To Win - Genyen								
Present			**Present Progressive**			**Simple Past**		
I - Mwen	win	genyen	I'm - M'	winning	ap genyen	I - Mwen	won	te genyen
You - Ou	win	genyen	You're - W'	winning	ap genyen	You - Ou	won	te genyen
He/She/It - Li	wins	genyen	He's/She's/It's - L'	winning	ap genyen	He/She/It - Li	won	te genyen
We - Nou	win	genyen	We're - N'	winning	ap genyen	We - Nou	won	te genyen
You - Nou	win	genyen	You're - N'	winning	ap genyen	You - Nou	won	te genyen
They - Yo	win	genyen	They're - Y'	winning	ap genyen	They - Yo	won	te genyen

Past Progressive			**Future**			**Conditional Present**		
I - Mwen	was winning	t'ap genyen	I - Mwen	will win	pral genyen	I - Mwen	would win	ta genyen
You - Ou	were winning	t'ap genyen	You - Ou	will win	pral genyen	You - Ou	would win	ta genyen
He/She/It - Li	was winning	t'ap genyen	He/She/It - Li	will win	pral genyen	He/She/It - Li	would win	ta genyen
We - Nou	were winning	t'ap genyen	We - Nou	will win	pral genyen	We - Nou	would win	ta genyen
You – Nou	were winning	t'ap genyen	You – Nou	will win	pral genyen	You - Nou	would win	ta genyen
They - Yo	were winning	t'ap genyen	They - Yo	will win	pral genyen	They - Yo	would win	ta genyen

To Work - Travay								
Present			**Present Progressive**			**Simple Past**		
I - Mwen	work	travay	I'm - M'	working	ap travay	I - Mwen	worked	te travay
You - Ou	work	travay	You're - W'	working	ap travay	You - Ou	worked	te travay
He/She/It - Li	works	travay	He's/She's/It's - L'	working	ap travay	He/She/It - Li	worked	te travay
We - Nou	work	travay	We're - N'	working	ap travay	We - Nou	worked	te travay
You - Nou	work	travay	You're - N'	working	ap travay	You - Nou	worked	te travay
They - Yo	work	travay	They're - Y'	working	ap travay	They - Yo	worked	te travay

Past Progressive			**Future**			**Conditional Present**		
I - Mwen	was working	t'ap travay	I - Mwen	will work	pral travay	I - Mwen	would work	ta travay
You - Ou	were working	t'ap travay	You - Ou	will work	pral travay	You - Ou	would work	ta travay
He/She/It - Li	was working	t'ap travay	He/She/It - Li	will work	pral travay	He/She/It - Li	would work	ta travay
We - Nou	were working	t'ap travay	We - Nou	will work	pral travay	We - Nou	would work	ta travay
You - Nou	were working	t'ap travay	You - Nou	will work	pral travay	You - Nou	would work	ta travay
They - Yo	were working	t'ap travay	They - Yo	will work	pral travay	They - Yo	would work	ta travay

To Write - Ekri								
Present			**Present Progressive**			**Simple Past**		
I - M'	write	ekri	I'm - M'	writing	ap ekri	I - Mwen	wrote	te ekri
You - W'	write	ekri	You're - W'	writing	ap ekri	You - Ou	wrote	te ekri
He/She/It - L'	writes	ekri	He's/She's/It's - L'	writing	ap ekri	He/She/It - Li	wrote	te ekri
We- N'	write	ekri	We're - N'	writing	ap ekri	We - Nou	wrote	te ekri
You- N'	write	ekri	You're - N'	writing	ap ekri	You – Nou	wrote	te ekri
They- Y'	write	ekri	They're - Y'	writing	ap ekri	They - Yo	wrote	te ekri

Past Progressive			**Future**			**Conditional Present**		
I - Mwen	was writing	t'ap ekri	I - Mwen	will write	pral ekri	I - Mwen	would write	ta ekri
You - Ou	were writing	t'ap ekri	You - Ou	will write	pral ekri	You - Ou	would write	ta ekri
He/She/It - Li	was writing	t'ap ekri	He/She/It - Li	will write	pral ekri	He/She/It - Li	would write	ta ekri
We - Nou	were writing	t'ap ekri	We - Nou	will write	pral ekri	We - Nou	would write	ta ekri
You - Nou	were writing	t'ap ekri	You - Nou	will write	pral ekri	You - Nou	would write	ta ekri
They - Yo	were writing	t'ap ekri	They - Yo	will write	pral ekri	They - Yo	would write	ta ekri

www.ingramcontent.com/pod-product-compliance
Lightning Source LLC
Chambersburg PA
CBHW081543040426
42448CB00015B/3197
* 9 7 8 1 6 1 9 4 9 4 0 8 4 *